KB110112

2018'

경제 기사로 푸는 직장인 재테크 가이드 북

2018' 경제 기사로 푸는 직장인 재테크 가이드북

발행일   2017년 11월 29일

지은이   이 호 룡
펴낸이   손 형 국
펴낸곳   (주)북랩
편집인   선일영   편집   이종무, 권혁신, 오경진, 최예은, 오세은
디자인   이현수, 김민하, 한수희, 김윤주   제작   박기성, 황동현, 구성우
마케팅   김회란, 박진관, 김한결
출판등록   2004. 12. 1(제2012-000051호)
주소   서울시 금천구 가산디지털 1로 168, 우림라이온스밸리 B동 B113, 114호
홈페이지   www.book.co.kr
전화번호   (02)2026-5777   팩스   (02)2026-5747

ISBN   979-11-5987-879-4 03320 (종이책)   979-11-5987-880-0 05320 (전자책)

잘못된 책은 구입한 곳에서 교환해드립니다.
이 책은 저작권법에 따라 보호받는 저작물이므로 무단 전재와 복제를 금합니다.

(주)북랩 성공출판의 파트너

북랩 홈페이지와 패밀리 사이트에서 다양한 출판 솔루션을 만나 보세요!

홈페이지 book.co.kr • **블로그** blog.naver.com/essaybook • **원고모집** book@book.co.kr

자산관리 전문가가 추천하는 금리 인상 시기의 성공 투자전략

2018'

이호룡 지음

경제 기사로
푸는 직장인
재테크
가이드 북

북랩 book Lab

감사의 글

이번에 이렇게 책을 내게 된 것은 역시 주변에 저를 도와주시는 여러 지인들이 있었기 때문입니다.

진심으로 감사의 인사를 드리고 싶습니다.

늘 제 옆에서 힘들 때 도와주시는 배고일 형님과 임미라 형수님께 가장 먼저 감사하다는 말씀 드리고 싶었습니다.

매번 힘들 때마다 제일 먼저 찾게 되네요. 평생 잊지 않겠습니다.

제가 공부에 워낙 취미가 없었던 시절. 육군3사관학교를 입학하게 되었고, 국제관계학과에서 정치외교를 처음 배웠을 때, 재밌는 공부도 있다는 것을 알게 해주신 공요한 교수님께 감사인사 드립니다.

지금 어설프게나마 재테크와 경제 관련 글을 쓰고, 강의하며 먹고 살 수 있었던 것은 그때 공부에 취미를 붙일 수 있었기 때문이라 생각하며 살고 있습니다.

요즘도 많은 조언을 해주셔서 늘 고맙습니다.

그리고 일이 바쁘다는 핑계로 자주 관리도 못 해드리는데 계속 믿고 응원과 격려를 해주시는 고객님들께 감사드립니다.

먼저 4년 전 고객으로 만나 지금까지 저의 일에 대해 가장 많은 응원과 격려를 해주시는 서영교 님과 방미연 님께 진심으로 감사 인사 드리며 앞으로도 좋은 인연 계속되었으면 좋겠습니다.
그리고 서영교 님과의 인연으로 같이 응원해주시는 김광필 님과 채지원 님께도 진심으로 감사드립니다.

울산에 가면 복국 사주시며 건강 챙겨주시는 이수용 님께도 진심으로 감사드립니다.

언제나 긍정적인 말씀으로 힘나게 해주는 김나희 선생님께도 감사인사 드립니다.
가장 열심히 사는 모습으로 저를 배우게 해주시는 전지윤 님께도 감사인사 드립니다.
만나면 유쾌하고 즐겁게 해주시는 정인혜 님께도 진심으로 감사 인사 드립니다.

다른 많은 고객분들께도 진심으로 감사드립니다.
제가 이렇게 올 수 있었던 것은 고객님들이 부족한 저를 믿고 지금까지 응원해주신 덕분입니다.
2014년 이후 꾸준히 사업 파트너로서 일하면서 사업에 대한 조언과 지원을 아끼지 않고 해주신 지영화 대표님께 진심으로 감사인사 드립니다.

2013년부터 꾸준히 일에서 도움을 주신 심재준 지점장님 진심으로 감사합니다.

2009년 만나서 지금까지 같이 해준 창훈이에게도 정말 고맙다는 말을 하고 싶습니다. 창훈아! 덕분에 여기까지 올 수 있었다.

마지막으로 늘 걱정만 안겨드리는 아들 때문에 노심초사하시는 부모님께 진심으로 죄송하고 감사하다는 말씀드립니다. 학교에서 좋은 선생님으로 집에서는 내 대신 장남 노릇하는 지영아! 정말 고맙다.

올해도 2달이 채 남지 않았습니다. 내년은 저의 30대 마지막 해입니다.

여러분들의 응원과 격려, 위로가 있어서 달려올 수 있었습니다. 30대의 마지막은 좋은 결과물을 보여드리겠습니다. 여러분들의 응원과 격려, 위로가 헛되지 않았음을 증명하는 한 해가 될 수 있도록 더 열심히 뛰겠습니다.

앞으로도 잘 부탁드립니다.

2017년 11월 5일
이호룡

들어가며

첫 책을 낸 지 벌써 2년이 넘었습니다. 『대한민국 경제, 국가가 진실을 말할 수 없는 이유』라는 책은 제목이 무시무시하고 거창해서 어렵게 느끼셨던 분들이 많았습니다.

그러나 그 안에 내용은 경제상식에서 참고해 볼 만한 경제문제와 경제와 연관된 정치, 사회 문제를 이해하기 쉽게 쓰려 노력했습니다.

그런데도 책이 어렵다는 얘기를 들으며 좀 쉬운 재테크 책을 써보겠노라 다짐했습니다만 일이 바쁘다는 핑계로 잘되지 않았습니다.

그러던 중 10월 추석 연휴는 참 길었습니다. 사무실에서 정리할 수 있는 여유가 되었고, 상담 때 직장인 고객들이 자주하던 재테크 이슈에 대해 열심히 인터뷰한 결과를 토대로 아쉬웠던 점을 설명하려 노력했습니다.

제가 고객들을 인터뷰하면서 들었던 공통적인 내용은 직장에서 재테크 이슈는 단골메뉴처럼 이야기되고 대부분이 펀드나 주식, 그리고 가장 핫한 부동산 등이었는데 왜 뜨는지에 대한 논리가 약했다는 것입니다.

'이 종목 뜬다…'

'이 펀드 대박 났다더라…'

'이 동네 지하철 들어와서 아파트 가격 오른다고 하더라…'

등의 카더라 통신에 의한 묻지마 투자에 불과한 것이었습니다.

그리고 금융 상품의 경우 시장 상황에 적합한지를 말하기보다는 상품 자체 기능에 치우친 대화들이 많다는 것이었습니다.

그래서 시장의 흐름을 알 수 있는 TIP과 말 그대로 2018년에는 어떤 투자가 좋은지에 대해서 시장 상황을 기준으로 추천해 보았습니다.

저는 상품의 기능은 최대한 배제하고 시장을 보는 방법과 경제지표를 어디에서 확인하는지 등을 정리하려 노력했습니다. 여러분들이 이 책을 보시고 경제지표와 차트 보는 법을 습관화하신다면 재테크를 하시면서 본인만의 기준을 세우실 수 있을 것이라 확신합니다. 그리고 전문가의 의견을 듣거나 읽더라도 본인만의 기준이 서있기 때문에 정보를 분석하기 한층 수월할 것입니다.

그리고 어려운 경제용어가 많으면 힘들어진다는 것을 고려하여 경제용어도 최소화하려 노력했습니다.

이해하는 데 도움이 되도록 대화하듯이 쉽게 쓰고, 시장의 흐름을 연쇄적으로 이어나가는 방식으로 기술하려 노력했습니다.

이유는 시장의 흐름을 파악하면 어떤 한 가지 이슈가 나왔을 때 금융시장에 어떻게 파급효과를 나타내는지를 알게 되기 때문입니다.

그런 연쇄적인 파급효과를 이해하게 되면 현재 내가 가지고 있는 투자 상품은 괜찮은지, 또 어느 투자처에 관심을 가질지를 판단할 수 있습니다.

경제신문을 보면서 어디에 투자를 할까를 판단하는 것은 매우 힘든 일입니다.

그래서 이 책에서는 경제신문에 나온 이슈를 가지고 경제지표와 차트를 찾아볼 수 있도록 몇 가지 예를 들었습니다.

경제뉴스도 미국에 포커스를 맞췄습니다. 글로벌 투자는 결국 미국 정부와 FOMC(미연방준비위원회)의 발언에 따라 시장이 달라지기 때문입니다.

그래서 국내뉴스가 거의 없어서 의아할 수 있지만 글로벌 경제뉴스를 보는 것이 국내 경제뉴스를 보는 것보다 훨씬 재테크에 도움이 된다는 확신 때문입니다.

경제뉴스와 경제지표를 연결해서 보는 것은 재테크 수준을 높이는데 매우 중요한 습관입니다.

여러분들이 이 책을 보시고 직장에서 재테크 대화를 하신다면 좀 더 있어 보이는(?) 얘기들을 하실 수 있으리라 기대합니다.

책 페이지 수가 많지 않기 때문에 부담 없이 읽도록 하였고, 최대한 그림과 표로 표현하려 했기 때문에 이미지화하는 데 좋을 것이라 생각됩니다.

재테크(財Tech)는 상품의 기능을 따지는 것이 아니라 시장의 돈 흐름을 파악하는 데 초점을 맞춰 돈을 버는 기술입니다.

시장에서 돈의 흐름을 파악한 다음에 적합한 상품의 기능을 따지는 것이 순서이지, 시장흐름 파악 없이 상품기능만 따지는 것은 물고기 없는 곳에서 좋은 낚시대만 믿는 것과 별반 다르지 않습니다.

　　프로낚시꾼들은 물 때(적절한 타이밍)와 조류의 방향(돈의 흐름)과 물속 지형(시장의 분위기) 등을 분석한 후에 적절한 미끼(투자할 자본)와 낚시장비(투자상품)를 선택합니다.

　　순서를 잊지 말고 재테크에 성공하시길 바랍니다.

차례

CHAPTER 01

시장의 흐름을 알려면 채권을 공부하라! · 15

1. 직장인의 재테크 대화 채권으로 업그레이드하라! · 16

　　1) '채권' 말은 많이 들었는데… 뭐지?

　　2) 채권의 분류를 알면 채권 구조가 보인다!

　　3) 채권에 투자할 때 알아야 하는 용어들…

　　4) 채권은 안전한가? 위험요소 알아보기

2. 채권에서 가장 중요한 개념 채권금리 VS 채권가격 · 32

3. 재테크 실행 TIP. 변액보험의 채권형 펀드 조심해야 할 시기 · 38

CHAPTER 02

뉴스로 알아보는 금리와 물가 · 45

1. 가장 궁금한 소식! 시장금리와 부동산의 관계 · 46

2. COFIX 금리 개념을 알아야 하는 이유는 내 집 마련과 관련이 있기 때문이다 · 53

3. 경제와 정치뉴스가 채권시장에 어떻게 영향을 미칠까? · 58

4. 감세안 ⇒ 금리인상 ⇒ 채권수익률 상승 · 62

5. 물가상승 ⇒ 물가연동국채에 투자하라! · 67

6. 골드만 삭스의 9월 금가격 전망 '금 랠리 이제 곧 끝날 것'에 대한 기사 · 73

시장의 흐름을 알려면
채권을 공부하라!

1.
직장인의 재테크 대화 채권으로 업그레이드하라

직장에서 재테크 좀 한다는 사람들은 쉽게 '이 펀드를 가입해야 한다.', '보험은 이게 좋다.', '주택청약은 이렇게 가입하면 좋다.' 등⋯. 주로 금융 상품의 기능적인 측면과 최근 수익률이 대박 난 상품에 대해 설명하는 경우가 많다.

그러나 좀 더 업그레이드 된 직장의 재테크 고수들은 코스피와 코스닥 등 증시와 그에 속해있는 주식가격을 얘기한다. '삼성전자가 200만 원을 넘었다.', '코스피가 2400P를 넘었다.' 등을 얘기하면 대부분의 직장동료들은 돈 좀 굴릴 곳이 없겠냐며 물어보는 동료들 때문에 소위 재테크 전문가가 되어 버리는 경우가 많다(동네 조기축구회에서는 에이스인 것이다).

그러나 미국채 10년물 금리가 상승한다는 말을 하거나 우리나라 3년물 국채금리가 2%를 넘었다는 얘기를 하는 직장인은 아직 본 적이 없다.

사실 내 고객 중에는 몇 분이 이런 이슈로 대화를 하고 있다. 나와 인연을 2년 이상 맺고 가르쳐주다 보니 글로벌 시장에 대해서 대화하는 게 익숙해져서 그렇다.

내 고객 중 가장 오래된, 그래서 친형 같은 분은 TV패널을 연구하는 연구원인데 요즘 만나거나 통화를 하면 미국의 금리인상과 관련하여 국채시장의 움직임을 얘기하거나 변동성지수인 VIX에 대해서 얘기할 때는 가끔 우리 업계에 들어온 신입이 아닌가? 하는 생각이 들면서 웃길 때가 있다.

부동산이 최근 몇 년간 이슈가 되면서 '**기준금리가 오르면 부동산 가격이 떨어질 것이다.**'라는 얘기는 알지만 왜 기준금리가 오르면 부동산 가격이 떨어지는지 정확한 경로를 모르는 직장인이 많다.

이 모든 것은 결국 시장금리가 좌우하고, 그중 큰 비중을 차지하는 것이 채권 금리이다.

그 이전에 중앙은행이 기준금리를 정하는 방향성(금리인상, 동결, 금리인하 중 하나를 선택)에 따라 시장금리가 변화되고, 채권도 따라간다.

특히 중앙은행 중 미국의 연방은행(Fed)은 글로벌 시장금리의 기준이라 해도 과하지 않을 만큼 중요하다.

그래서 **미국이 금리를 언제 올릴지가 내가 집 사는 데 상당히 중요한 기준**이 될 수밖에 없다. 이유는 나의 주택마련은 대출 없이는 힘들기 때문이다.

기준금리 인상 '신호탄'에 부동산은 '먹구름'
YTN　2017.10.20.　네이버뉴스

기준금리 인상이 예상보다 빨라질 수 있다는 '**신호탄**'에 시장 **금리**가 발 빠르게 반응한 것입니다. 이에 앞서 코픽스와 연동하는 은행권의 주택담보대출 변동금리는 이미 5%를 넘보는 수준까지 오르고 있습니다. **금리** 상승...

└ 주택담보대출 고정·변동금리 격차 커…　아시아경제　2017.10.20.　네이버뉴스

연내 금리인상 가능성 높아졌다…금통위, 소수 찬성의견·경제성장률 3%
에너지경제　2017.10.19.

금리 인상 소수의견이 나온 건 지난 2011년 9월 이후 6년만으로 **금리 인상**의 **신호탄**이 될 것이라는 분석이 나오고 있다. 특히 미국 연방준비제도가 연내 **기준금리 인상**을 예고한 만큼 국내의 **금리상승** 압박도 더해지고 있는...

└ 한국은행 올 성장률 3%로 상향…**기**…　YTN　2017.10.19.　네이버뉴스
└ 한국은행 올 성장률 3%로 상향…**기**…　YTN　2017.10.19.　네이버뉴스
└ 한은, 올 성장률 3%로 상향…**기준금**…　YTN　2017.10.19.　네이버뉴스
└ 올해 성장률 전망 3%로 상향…연내…　YTN　2017.10.19.　네이버뉴스
관련뉴스 7건 전체보기 >

[이슈오늘] 10월 금통위, 한국은행 기준금리 정상화 '신호탄'
시사오늘　2017.10.20.

증권가에서는 이를 **기준금리 인상** 전환의 **신호탄**으로 여기는 분위기다. 이날 한국은행(이하 한은)은 10월 정책**금리**를 1.25%로 책정, 16개월 연속 동결했다. 이와 함께 올해 성장률은 기존 2.8%에서 3.0%로 상향조정했고, 내년...

└ 막 오른 한은 **금리 인상**…카드사도　연합인포맥스　2017.10.20.
└ 분위기 달라진 한국은행, 내달 **기준**…　한국금융신문　2017.10.20.

금리인상 시그널에…은행권 "주담대 고정금리 갈아타기 문의 쇄도"　건설경제신문　2017.10.22.

금리 인상을 주장하는 소수 의견이 이례적으로 나왔다. 이는 사실상 차후 **금리 인상**을 예고하는 '**신호**...
기준금리 인상론이 대두되면 시장에서는 대출금리가 높아지게 되고, 이렇게 되면 결국 고액대출자의...

└ 꾸준한 '마통' 대출…**금리인상** 시 이…　브릿지경제　2017.10.22.

출처: 네이버 검색 '기준금리인상신호탄'

　그렇기 때문에 코스피가 몇 포인트이고, 삼성전자 주가가 얼마인지 아는 사람은 주식이나 펀드 투자를 하거나 관심이 있는 사람들이다. 그 투자를 하지 않는다면 몰라도 된다.

　그러나 채권 금리는 곧 시장 금리의 일부이기 때문에 자본주의 사회에 사는 모든 사람들에게 매우 중요한 정보이다.

　그러나 이것이 어렵다는 이유로 잘 보지 않는 상황이 되었고, 직장에 재테크 좀 한다는 사람들조차 채권시장과 금리 얘기는 하지

않는다.

이번 기회에 채권과 금리를 이해하고 직장에서 아는 척 좀 해보자! 주식 풍월을 읊는 것보다 훨씬 있어(?) 보인다.

1) '채권' 말은 많이 들었는데…. 뭐지?

정부나 공공기관, 금융기관, 일반기업들이 자금을 빌리기 위해 발행하는 증서다. 쉽게 말해 언제까지 빌린 돈 얼마를 이자와 함께 갚겠다라고 쓰여 있는 계약서다.

채권 발행자는 돈을 빌리는 사람이고, 채권 보유자는 돈을 빌려 준 사람이다.

만약 국채라고 하면 정부가 채권발행자가 되고, 그 채권을 매수한 사람이 채권보유자가 된다.

채권보유자는 정부로부터 정해진 기간까지 이자와 원금을 받는다.

만약 채권이 10년 만기라면 10년 만기 시 이자와 원금을 받는 것이다.

그런데 채권보유자가 10년 만기가 되기 전에 급하게 돈이 필요한데 아직 채권 만기는 한참 남았다면 어떻게 할까?

이 증권을 다른 사람에게 팔면 된다. 즉 채권은 타인에게 양도가 가능한 주식과 공통점이 있다. 그러니 채권을 싼 가격에 사서 비싼 가격에 파는 것이 채권투자의 핵심이다.

주식과 다른 점은 만기라는 기간이 있고, 이자가 나온다는 것이다.

직장인인 당신이 은행에 가서, 대출하려면 은행 대출 상품을 선택하고 그에 맞는 원리금 상환 방식에 맞추면 된다. 당신이 원하는 상환 방식을 은행이 받아주는 것이 아니라 은행의 상품에 당신이 맞춰야 한다.

그러나 채권을 발행하는 주체는 발행자의 스타일대로 상환방식과 만기까지 결정하고 발행을 하면 돈을 빌려주는 채권보유자는 원하는 상품에 투자하면 된다.

즉 은행의 대출상품에 맞춰야 하는 당신과 반대로 채권은 발행자 마음대로 돈 상환하는 방식과 만기를 정하는 것이다.

일단 이 정도가 대략적인 채권의 개념이다. 좀 더 자세히 들어가서 하나씩 뜯어보자면…:

2) 채권의 분류를 알면 채권 구조가 보인다!

먼저 채권의 분류부터 보자면 다양한 방식으로 분류되지만 가장 중요한 네 가지 분류만 설명해 보겠다.

발행주체별 분류를 알아보자.

국채는 국가가 발행하는 것으로 국회의 의결을 얻어서 발행한다.

지방채는 지방자체단체가 발행하는 채권으로 대표적인 채권이 지역개발공채, 도시철도공채 등이 있다.

한참 있기 있었던 **통안채**는 통화안정채권으로 한국은행이 시중 통화량 조절을 위해 금융기관을 대상으로 발행하는 채권이다.

회사채는 기업이 자금조달을 위해 발행하는 채권이고, 대부분 국채와 함께 가장 투자가 활발하게 이뤄지는 채권이기 때문에 잘 알아둘 필요가 있다.

회사채는 증권사에서도 가장 많이 파는 채권 중에 하나이니 회사채에 대해 좀 더 알고 가자.

회사 자금 조달 방법에는 크게 두 가지가 있다.

직접 금융과 간접 금융이다.

직접 금융은 말의 늬앙스에서 느껴지겠지만, 은행을 통하지 않고 직접 투자자들에게 투자를 받는 방식이다.

대표적으로 주식발행과 채권발행이 있다.

간접금융은 당연히 은행을 통한 대출이다. 유식하게 말하면 금융기관 차입이다.

또 회사채는 자기자본과 타인자본으로도 나누는데, 대학교 때 회계기초를 배운 사람은 알 것이다. 왼쪽에 자산, 오른쪽에는 부채와 자본이 있다는 것을…. 그래서 **자산=부채+자본**이 가장 기본적인 개념이다.

이 중 부채는 남에게 빌린 것이기 때문에 갚아야 하는 돈이다. 이를 타인 자본이라 한다.

대표적으로 **채권**과 **은행 대출**이 있다.

주식발행은 자기자본이다. 내가 자본금을 낸 것도 있을 것이고, 투자자가 주식투자를 한 것도 있다. 이는 회사의 흥망성쇠에 대한 책임을 투자한 사람이 지는 것이기 때문에 갚지 않아도 된다. 그래서 이는 회사의 '**자기자본**'이라 할 수 있다.

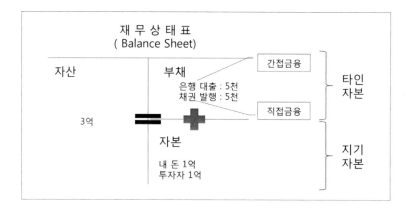

통상 간접금융(은행에서 대출을 하는 것)을 하는 기업은 작은 기업들이 많다. 직접금융은 어느 정도 이름이 있는 회사여야 투자자들이 신뢰를 하고, 주식에 투자하든, 채권에 투자하든 하기 때문이다.

그래서 기업이 커질수록 자금조달 방식은 간접금융에서 직접 금융분야로 전환한다.

이자지급별 분류는 매우 중요한 부분 중 하나이니 꼭 알아두어야 한다. (내가 채권에 투자하면 이자 받는 방식이니까…)

이표채

이표는 쉽게 말해 종이에 붙어 있는 꼬리처럼 달린 것을 말한다. 이것을 떼서 갖다 주면 이자를 주는 방식이다. 만약 3개월 이표채로 받는 회사채에 투자했다고 치자. 그러면 3개월마다 이자를 나눠서 주겠다는 뜻이다. 영어로는 coupon(이표)이라고 하고, 1년 이율을 3개월마다 4번 주겠다는 것으로 해석하면 된다. 6개월 이표채는 1년에 두 번 줄 것이다.

통상 6개월, 3개월, 1개월 이표채가 많다. 참고로 국채는 6개월 이표채가, 회사채는 3개월 이표채가 많다.

할인채

할인채는 이표채와 달리 따로 이자를 주는 것이 아니라 미리 투자할 때 할인한 상태에서 투자하는 것을 말한다. 즉 선이자 개념이다. 만약 채권이 1만 원이면 할인채는 9,000원을 투자하여 만기 시 1만 원을 받는 형식이다. 이 할인채도 채권에서는 많이 쓰니 중요하다.

복리채

복리채는 이자가 재투자되어 만기상환 시에 원금과 이자가 지급되는 채권이다. 중간에 이자를 받지 않고 이자 또한 재투자가 되기 때문에 복리는 훨씬 매력적이라 할 수 있다. 대표적으로 국민주택채권과 통화안정증권 등이 있다.

단리채는 복리채와 마찬가지로 만기에 원금과 이자를 지급하지만, 원금에 대해서만 이자를 지급하기 때문에 복리와 다르게 이자의 재투자 없이 이자를 받는 채권이다. 요즘은 거의 없다고 볼 수 있다.

상환기간별 분류

상환기간별 분류는 매우 중요한 부분 중에 하나다. 이유는 시장 상황이 어떻게 되느냐에 따라 만기가 짧은 단기채에 투자할지 아니면 만기가 긴 장기채에 투자할지가 판가름나기 때문이다.

미국채 10년물은 전 세계 채권 및 주식 등의 투자자들에게 기준이 된다. 그래서 이 채권 수익률의 움직임이 증시와 여러 경제 변화에 중요한 시그널이 되기 때문에 투자자들은 매우 중요시해야 하는 장기채이다.

단기채
상환 기간이 1~2년 이하인 채권이다. 중기채나 장기채도 시간이 지나 2년 이내로 들어오면 단기채로 인식된다.

중기채
만기가 2~5년인 채권을 말한다. 또한 5년 이상인 장기채라도 잔존기간이 5년 이내로 들어오면 중기채에 포함된다.

장기채
만기가 5년을 초과하는 채권으로 대표적으로 국채 10년물이 있다. 장기채는 통상 가격의 변동성과 금리가 높기 때문에 많이 투자되는 채권이다.

위의 채권 분류는 하나의 채권 상품이 발행되었을 때 이 분류표를 보고 분석하면 채권의 정보와 성격 등을 알 수 있다.

3) 채권에 투자할 때 알아야 하는 용어들…

증권사에 가서 직접 채권에 투자하고 싶다고 하면 나오는 용어들이 있다. 지금은 채권증서를 직접 주지 않기 때문에 (예탁결제원에 증서는 자동으로 보관되고, 몇 주 샀는지 전산화되어서 나온다) 컴퓨터 화면에서 나오는 채권 상품의 조건들을 증권사 직원이 설명해 줄 것이다.

그러나 처음 들으면 낯선 용어들이기에 감이 잡히지 않을 것이다. 그래서 간단하게 준비한 용어만 이해하고 가면 대화가 될 것이고, 현명한 선택을 할 때 도움이 될 것이다.

액면가

이는 주식에서도 쓰이는 용어인데 한 주가 발행될 때 결정된 금액으로 통상 채권은 1만 원이 된다. 주식은 5000원, 500원이 많다.

채권에서 액면가가 중요한 이유는 처음에 투자할 때 '얼마나 할인받아서 살 것인가'가 투자수익을 극대화할 수 있는 방법이기 때문이다. 1주에 액면가는 1만 원으로 나오지만 실제 가격은 9500원으로 할인되어 있는 것을 매수하면 500원의 매매차익이 수익으로 잡히기 때문이다. 여기다 이자는 액면가 기준으로 받는다.

그리고 참고로 알아 둘 것이 액면가가 1만 원으로 이렇게 싼 이유는 많은 사람들이 투자하기 쉽게 하기 위해서라는 것이다. 만약 액면가가 1억이면 과연 직장인 몇 명이 투자할 수 있을까? 채권을 발행하는 입장에서도 자금 조달하기 어려울 것은 당연하다. 그래서 누구나 쉽게 살 수 있도록 액면가를 단돈 만 원에 해놓고 몇 주를 살지를 결정하는 것이다.

결국 소액 투자자를 위해서 이렇게 쪼개서 작게 해놓은 것이다. 1주를 사더라도 그 회사의 채권자가 될 수 있기 때문이다.

표면이율

통상 우리가 채권 몇 %짜리냐?라고 묻는 것이 표면이율이다. 채권 증서에 쓰여 있는 이율이며 만약 채권표면이율이 5%라면 연율 5%라는 것이다. 3년 만기라면 3년 동안 연율 5%로 이자를 받는다는 것이다. 지극히 당연히 얘기라 따분한가?

다음 만기 수익률 개념이 나면 이게 왜 중요한지 알게 된다.

만기 수익률

만기 때 달성될 수 있는 수익률을 말한다. 표면이율이 만기 때 달성할 수 있는 수익률이 아니냐?라는 사람들이 많은데 채권은 그리 간단하게 계산되는 경우는 많지 않다.

왜냐하면 앞에서 말한 액면가 대비 몇% 할인된 가격에 사는지에 따라, 그리고 3개월 이표채로 받는다면 1년에 네 번을 받기 때문에 3개월마다 받은 이자를 다시 적금에 재투자한다면 적금 이자까지 받을 수 있기 때문에, 만기에 받는 수익률은 완전히 달라질 수 있다.

이것을 계산하는 게 만기 수익률이다. 통상 수익률로 부른다. 그러나 이 부분은 예상 수익률이라 할 수 있다. 실제 달성될지는 만기에 가봐야 안다.

그리고 시장에서 계속 거래되면서 만기수익률은 변할 수 있다. 이유는 채권의 가격이 변하기 때문에 이에 따라 언제 사는지가 만기 수익률을 높게도, 낮게도 할 수 있는 것이다.

4) 채권은 안전한가? 위험요소 알아보기

채권은 주식보다 변동성이 낮아서 안전해 보이지만 채권 또한 리스크는 꽤 있다.

(1) 신용위험

채권은 부채다. 채권발행자는 채권 투자자에게 원금과 이자를 주는 것이다. 만약 채권발행자가 파산하면 원금과 이자를 받지 못하는 상황이 벌어진다.

그렇기 때문에 금리를 잘 봐야 한다. 금리가 높다는 것은 그만큼 위험하다는 것이다.

우리가 재테크 책에서 항상 배우는 'High Risk High Return!'이 그 의미다.

우리는 이 투자명언을 High Return에 초점을 맞추고 투자하지만, High Risk에 초점을 맞추는 것이 현명한 투자법이다. 그리고 그 Risk측정계가 채권금리라 할 수 있다.

2011년 유럽발 재정위기가 발생했을 때 그리스의 국채수익률은 40%를 넘었다. 한 나라의 국채 발행 금리가 40%가 넘었다는 것은 사실상 파산이라는 것이다.

Greece 10Y, W · O 5.67 H 5.67 L 5.58 C 5.60

남유럽 위기 절정
당시 그리스는 43%에 가까운 금리
까지 상승한다.
이는 사실상 파산이다.

이런 채권에 투자하면 대박 아니면 쪽박이 된다. 결과적으로 그
때 투자한 사람은 대박이 났지만, 만약 모라토리엄 선언을 했다면
채권은 휴지 조각이 되었을 것이다.

OECD 가입국들의 국채금리는 통상 5%를 잘 넘지 않는다. 물론
브라질 국채는 10%이지만 정상적으로 운영되고 있으면 국채금리
가 5%를 넘기는 쉽지 않다. 왜냐하면 웬만해서는 국가가 파산하
는 일은 별로 없기 때문이다. 그러나 그리스와 남유럽 국가들은 이
때 상당히 높은 금리 수준을 보였다. 이때가 위기였기 때문이다.

그래서 채권금리는 시장을 아는 데 중요한 온도계와 같은 것이다.

(2) 시장금리의 변화

시장금리가 상승하면 채권의 금리도 따라 올라가고 채권의 가격은 하락한다.

채권을 발행하는 발행자의 상태가 금리 수준을 결정한다고 앞에서 배웠지만, 채권발행자와 상관없이 시장의 금리가 전반적으로 오르면 채권발행자도 여기에 맞춰서 발행하지 않는 이상 채권의 인기는 떨어지게 된다.

그래서 시장 환경에 채권 금리는 영향을 받는다.

(3) 채권의 유동성 문제

시장 위험 또는 유동성 위험이라고 한다. 보유하고 있는 채권을 시장에서 팔려고 하는 시점에 합리적 시장가격으로 쉽게 매각할 수 있느냐가 관건인데 거래상대방이 증시보다 많지 않다는 점이 리스크로 발생한다.

대표적인 채권의 위험은 이 세 가지라 할 수 있다.

2.
채권에서 가장 중요한 개념
채권금리 VS 채권가격

- 채권금리가 하락하면 채권 가격이 오른다? 들어는 봤지만 헷갈린다.

채권수익률이란 앞의 채권용어에서도 간단하게 정리해 봤지만, 채권에 투자하여 받을 수 있는 수익률을 말한다.

통상 1년 단위로 수익률을 표시한다. 쉽게 말해 예금의 이자율과 비슷한 개념이다. 동일하지 않고 비슷하다고 한 이유는 통상 예금은 1년마다 이자를 계산하지만, 앞에서 이자지급방식에 따라 이표채, 할인채 등의 분류가 있었기 때문에 계산이 좀 복잡하다. 채권에 투자했을 때 기대되는 현금흐름이 있기 때문에, 미래에 받을 이자를 현재 가치로 할인해서 계산한 값이다.

여기서부터 좀 어려워지는데… 만약 당신이 채권에 투자한다면 가장 기대하는 것이 이자일 것이다. 6개월 이표채라면 매년 두 번에 걸쳐 이자를 받을 것이고, 이 채권이 10년 만기라면 총 20번에 걸쳐 이자를 받을 것이다. 마지막에 원금과 이자를 받고 끝이 난다. 그렇다면 이 이자를 다 더하면 총 수익률이 되는데 이를 투자

원금으로 나눈 비율을 말한다.

그런데 6개월 후 받은 이자는 또 재투자된다고 가정하기 때문에 6개월 복리 이자인 셈인데 이를 연 단위로 환산할 때의 수익률을 말한다. 그렇게 되면 예금과 얼마나 차이가 있는지 한눈에 알아볼 수 있다.

앞에서 채권은 중간에 다른 사람에게 매수할 수 있다고 했다. 그렇기 때문에 유통과정에서 값싸게 샀다면 채권수익률은 달라질 수 있다. 결국 채권수익률은 고정된 것이 아니라 시장 상황변화에 따라 달라지는 것이고 본인이 투자할 때 계산해야 하는 부분이다.

그래서 우리는 채권수익률이 상승하면 채권가격이 떨어졌다고 하고 채권 수익률이 하락하면 채권가격이 상승했다고 한다. 이 얘기는 많이들 알고 있지만, 정확히 이해하는 사람은 많지 않다.

채권가격은 처음에 살 때 가격이 만기 시에 받는 원금과 다를 수 있기 때문에(할인채가 대표적) 미래 만기시점의 가격을 현재 시점의 가격으로 할인하여 결정된다. 그런데 이 채권가격도 채권 수익률에 따라 가격이 변하며 주식처럼 싸게 사서 비싸게 팔면 매매차익도 기대할 수 있는 것이다.

채권 가격과 채권 수익률에 대해 이해하기 쉬우려면 아래 상황을 상상 속에서 잘 그려보기 바란다.

창후이 : 너 몸값 많이 올랐더라.

호롱이 : 응, 몸값 좀 올랐지….

창후이 : 그럼 너 대출금리 많이 낮아졌겠네…

호롱이 : 예전에 대출하러 갔더니 10%였는데 이번에 다시 갔더니 5%에 해준데….

창후이 : 우아, 그럼 이자가 반으로 줄었네…. 부럽다.

이 둘의 대화로 채권 가격과 채권 금리를 알 수 있다.

호롱이가 이전에는 연봉을 2000만 원 받다가 대기업에 합격하면서 연봉이 4000만 원으로 두배 올랐다. 그러자 2015년에 대출한 1000만 원의 이자율은 10%였는데 이번 대기업에서 1년 경력을 쌓자 은행에서 5%에 대출해줬다.

호롱이의 몸값은 은행 입장에서 돈을 빌려줄 때 쓰는 계약서의 금리와 직결된다. 만약 몸값이 높으면 은행은 금리를 낮게 부를 것이고, 몸값이 낮으면 금리를 높게 부를 것이다.

호롱이의 몸값 = 채권 가격

호롱이의 대출금리 = 채권 금리

한국정부가 돈을 빌린다고 해보자. 국채를 발행할 것이다. 한국 경제가 좋아지고 있다면 금리는 낮아질 것이다. 한국 몸값이 올랐기 때문이다. 그러나 반대로 한국 경제가 안 좋아진다면 채권 금리는 오를 것이다. 불안하니 채권을 매수하는 투자자 입장에서는 좀 더 높은 이자를 받고 싶기 때문이다.

한국 정부가 1년에 한 번 채권을 발행한다고 치자.

2015년 발행 채권 이름은 '국채-2015'이고 '금리는 3%였다'라고 가정해보자.

호롱이는 이 채권을 매입한다. 매년 3%의 이자가 나오기 때문이다.

그런데 2016년에 한국 정부가 또 국채를 발행한다. 그 이름 '국채-2016'이고, 금리는 2%였다.

2015년 채권 금리보다 1% 내렸다. 그렇다면 우리는 알 수 있다. 채권 가격이 올랐다는 것을….

그리고 한국 채권의 인기도 높다는 것을…. 2%만 금리를 주더라도 매수하는 사람이 있기 때문이다.

이때 '국채-2015'를 가지고 있던 호롱이가 급하게 돈이 필요하여 시장에 국채 증서를 팔려고 내놨다고 치자. 그럼 어떻게 될까? '국채-2016'에 투자하려던 투자자들은 2% 받느니 호롱이가 들고 있는 '국채-2015'를 사서 만기까지 3%를 받는 게 훨씬 좋을 것이다.

그러니 인기가 높을 것이고, 호롱이가 보유하고 있는 채권을 사기 위해서 가격을 높게 부를 것이다. 결국 호롱이는 처음에 3%의 채권을 살 때 가격보다 높게 팔 수 있게 되는 것이다.

그러므로 호롱이는 채권을 가지고 있다가 팔 때 매매차익도 얻을 수 있는 것이다. 그럼 얼마만큼 최대이익을 챙길 수 있을까? 2% 국채가격 이상까지는 얻을 수 있을 것이다.

예를 들면 호롱이가 가지고 있는 채권을 9,500원에 샀는데 지금 시장에서 '국채-2016'이 9,900원에 팔린다면…. 호롱이의 채권은 9,890원까지는 사려 할 것이다.

그러나 채권에 투자하는 당신이 꼭 알아두어야 하는 것은 채권가격(몸값)과 채권수익률(금리)는 꼭 채권발행자의 경제성적에 의해서만 결정되는 것이 아니라는 점이다.

골드만 "연준 12월 금리 인상 가능성 '75%→85%' 상향" 연합인포맥스   7일 전
(서울=연합인포맥스) 김성진 기자 = 골드만삭스는 미국 연방준비제도(연준 · Fed)가 오는 12월 기준금리를 인상할 가능성을 종전 75%에서 85%로 상향했다. 골드만삭스의 얀 하치우스 수석 이코노미스트는 1일…

美 연준, 기준금리 동결…'12월 인상' 가능성 시사
MBC 뉴스   7일 전   네이버뉴스
00~1.25%인 현재의 기준금리를 유지하기로 했다고 밝혔습니다. 연준은 다만, 미국 경제가 견고하다며 12월 금리 인상 가능성을 시사했습니다. 국제부기자 Copyright(c) Since 1996, MBC&iMBC All rights reserved.
美 연준, 금리 동결…다음 달 금리   KBS 뉴스   2017.11.02.   네이버뉴스

차기 연준 의장 파월, 점진적 금리인상 선호 '옐런 그림자'
한겨레   A6면2단   7일 전   네이버뉴스
[한겨레] 도널드 트럼프 미국 대통령이 '세계 경제 대통령'으로 불리는 미 연방준비제도 차기 의장에… 연준이 이날 전반적인 시장성장세는 견고하다고 밝혀, 12월 금리인상 가능성도 전망된다. ▶ 한겨레 절천이…

美 연준 통화정책회의 결과 주목…금리인상 신호 강해질까?
뉴시스   2017.11.01.   네이버뉴스
기준금리 인상을 전망했다. 현재 금리 수준은 1.00~1.25%다. 한편 도널드 트럼프 미국 대

출처: 네이버 검색 '미국 연준 금리인상'

예를 들어 위의 기사처럼 미국의 금리가 올라가면 이머징 국가들의 금리가 올라가기 때문에 채권가격은 하락하고 채권수익률은 상승한다. 이런 것처럼 **수많은 변수로 인해 채권의 가격과 수익률은 변동한다.**

앞의 예는 쉽게 이해하기를 바라는 마음에 가장 노골적인 대화를 만들어 봤던 것이고, 앞으로 배워야 할 것이 실전투자에 매우 중요한 것이며, 채권 시작할 때 언급했던 것처럼 실제 주식이나 채권에 투자하지 않더라도, 알고 있으면 매우 유용한 정보들이기 때문에 집중해서 보기 바란다.

3.
재테크 실행 TIP!
변액보험 채권형 펀드 조심해야 할 시기

이 책을 읽는 당신에게 한 번 더 재테크 TIP을 드리자면 변액연금과 변액유니버셜 보험상품의 채권형 펀드는 조심해야 한다는 것이다.

지금까지 마이 묵었다 아이가~
채권 가격 빠지면 펀드 수익률 다시 하락한다 아이가~~

예전에 재무상담을 하다가 들었던 충격적인 얘기가 있다. 나와 상담하기 이전에 다른 재무설계사와 상담을 했는데 채권형 펀드는 원금손실이 거의 없고, 은행예금이자보다는 수익이 좋으니 안전하고 편안하게 100% 편입하라고 했다는 것이다.

이게 재무 전문가가 할 얘기인가? 지금 이 책을 두 번 정도 봤다면 당연히 아니라는 것을 알 것이다.

그래서 다시 꼬리를 물고 들어가서 변액 상품의 채권형 펀드에 대해서 알아보고자 한다.

채권형 펀드에 대해서 상담을 했던 대부분의 고객은 주로 국내사 변액 보험에 가입했던 것으로 기억한다.

내가 증권방송에서 떠들었던 내용에 공감이 가서 고민이 되었다고 한다. 그 고객의 말은 10년 가까이 납입한 보험이라 본인 자산에서 큰 부분을 차지하고 있어서 매우 중요하다며 어떻게 해야 하냐는 문의였다.

또한 나는 재무설계사를 대상으로 종종 강의를 한다. 시장 상황과 이에 따른 투자에 관해서다. 특히 재무설계사들은 자신의 고객 변액 보험의 펀드를 어떻게 관리해야 하는지가 관건이기 때문에 상당히 민감하다.

국내 코스피가 2,500P를 넘어섰고, 채권형 펀드에서 수익도 짭짤하게 보다 보니 이제는 수익을 실현하고 빠지는 게 좋을 것이라는 생각이 들지만 다른 펀드로 들어가기에는 변액보험 상품에 이동할 만한 펀드가 없다는 한계를 느끼는 것이다.

통상 국내사 변액 보험들의 특징은 대부분 국내 채권형과 국내 주식형들이 테마별로 있는 것이 많기 때문에 결국 국내 증시나 채권시장이 하락하면 어떤 펀드로 이동하든 문제가 된다. 그래서 고민이라는 것이다.

채권형 펀드는 금융위기 이후 수익을 제대로 낸 펀드 중에 하나다. 물론 주식형 펀드만은 못 하지만 채권형 펀드의 과거 수익율보다 상당히 높았던 것은 사실이다.

그만큼 이제 미국의 금리인상이 빨라진다면 채권가격 하락도 만만치 않을 것이라는 것을 염두해 두고 차익실현을 해야 하는 것인데 마땅히 빼놓을 때가 없다는 게 문제다.

사람들이 채권형 펀드는 이자를 받으면서 만기까지 유지하는 것으로 알고 있는데 채권 펀드 매니저들은 채권을 주식처럼 사고팔면서 수익을 낸다.

그 변동성이 주식보다 작다뿐이지 주식과 비슷하다. 채권 선물에 투자하는 펀드는 주식과 같은 변동성을 보인다. 그렇기 때문에 안전하다는 말은 그렇게 맞는 말이 아니다.

내년의 시장을 고려한다면 최대한 안전하게 가려고 펀드매니저들이 현금화 비중을 높이거나 MMF 같은 초단기 채권에 넣어서 헷지를 할 것이다. 그러나 당신의 채권형 펀드는 통상 장기채에 투자하기 때문에 매월 들어오는 자금은 장기채를 살 수밖에 없다. 채권 시장 전체가 문제가 되었을 때 손해를 볼 수밖에 없다는 것이다.

2008년 금융위기 때 장기채는 투자자들이 전혀 눈길을 주지 않았다. 투자처를 찾지 못한 투자자들은 결국 MMF나 RP 등 초단기

금융상품에 돈을 넣고 작은 이자라도 받으면서 언제든지 뺄 수 있도록 대기해놓은 상태였다. 장기채권에서 돈을 빼서 초단기채권에 돈을 계속 넣다 보니 채권시장은 더욱 힘들어질 수밖에 없었던 것이다.

당신의 몸에서 피가 돌지 않는 상황은 어떠한가? 결국 죽음과 만나는 길이다.

그래서 미국과 중국 유럽…. 심지어 한국까지 초저금리 정책을 내놓은 것이다. 그리고 마구 돈을 풀었다. 피(돈)가 도는 기능을 잃은 몸에 억지로 기계장치를 달아 피(돈)를 돌리는 것이다.

명심할 부분은 이러한 상황이 금리를 빠르게 인상하는 상황에서, 시작되었고, 결국 높은 이자를 참지 못한 사람들의 파산을 시작으로 도미노처럼 무너지면서 월가 핵폭탄의 심지에 불을 붙인 것이라는 거다.

그래서 이 책을 읽고 있는 당신이 그런 상황을 대비하여 국내보험사 변액상품에 가입했다면 중도인출 또는 MMF와 같은 초단기 펀드에 옮겨야 하는 때를 고려하며 시장을 지켜볼 필요가 있다는 것이다.

이건 내년에 금리가 어느 정도로 빠르게 오를지에 따라 맞는 말이 될 수도 틀린 말이 될 수도 있지만 내년 2월 자넷 옐런(비둘기파)이 떠난 자리에 들어갈 후보들은 대부분이 매파이기 때문에 지금은 현금으로 중도 인출하여 보관했다가 확인 후 다시 추가로 납입하는 것이 안전하다고 조언할 수밖에 없다.

각 보험사의 홈페이지에서 상품 공시실에 들어가서 변액상품의 펀드를 확인하고 그 펀드가 어떻게 운영되는지를 보라! 포트폴리오는 어떻게 되어있는지를 자세히 볼 필요가 있다.

처음에는 보기 어려울 것이다. 그러면 담당 재무 설계사에게 물어보고 조치를 취할 필요가 있다.

정리하자면 나는 채권가격이 크게 하락할 것이라고 확신하지 못한다. 다만 지금 글로벌 시장이 모두 금리를 올리는 쪽으로 가닥을 잡고 있다는 것은 확실하다.

특히 글로벌 경제의 중심인 미국이 그렇게 하고 있다면 투자자로서 조심할 필요가 있다는 것을 조언하고 싶은 것이다.

전쟁은 미리 준비하는 자만이 패하지 않을 수 있다.

전쟁이 시작되었을 때 준비하는 자는 결국 모든 부하를 잃고 비참한 패배를 할 수밖에 없다.

지금 전쟁은 시작되지 않았다. 하지만 1년이 걸릴지, 2년이 걸릴지 모르겠지만, 준비를 해야하는 시기는 점점 다가오고 있다는 것을 느껴야 한다.

투자에서의 전쟁 대비는 안전자산과 위험자산의 적절한 비율배분에 있고, 이제는 채권을 안전자산으로 바라보면 안 되는 위험자산으로 분류하여 준비하라는 것이다.

불교에서 늘 중요시하는 진리가 있다.
변함이 없는 것은 없다. 모두가 변한다.
'모두가 변한다'는 그 진리 하나만 변하지 않는다.

채권도 더 이상 안전자산이 아니라는 것을 명심할 때이다. 다시 언젠가 안전자산으로서의 역할을 하겠지만….

뉴스로 알아보는
금리와 물가

1.
가장 궁금한 소식!
시장금리와 부동산의 관계

재테크 > 뉴스 > 채권

[채권마감]'패닉' '멘붕'...시장금리 근 3년來 최고치

 김정남 기자 ⓒ 20일 전

20일 국고채 3년물 금리 2.088% 거래 마쳐

[이데일리 김정남 기자] 채권시장이 20일 단기물을 중심으로 큰 폭의 약세(채권금리 상승)를 보였다.

반면 장기물은 강세를 보이는 이상현상이 나타났다.

시장은 이날 장 초반부터 한국은행 금융통화위원회의 강성 매파(통화긴축 선호) 직격탄을 맞았다. 다음달 기준금리 인상은 이미 기정사실화 됐고 내년 초에도 올릴 수 있다는 인식이 퍼지면서, 단기물을 중심으로 손절매가 나왔다. 말그대로 '패닉' '멘붕' 장세였다는 게 시장 인사들의 말이다.

출처: 이데일리

20일 한국의 국고채 3년물 금리가 급등했다. 그러나 그 이전부터 심각한 것은 감지하고 있었다. 그래서 부동산 시장을 검색해보니 아래와 같은 기사가 나온다.

[뉴스분석]가계부채대책 **금리인상**, 살얼음판 된 **부동산** 시장
뉴스웨이   2017.10.23.

23일 건설**부동산**업계와 **한은**, 금융권에 따르면 이주열 총재가 이끄는 **한은**이 기준**금리 인상** 쪽으로 빠르게 다가서고 있다. 지난해 6월 이후 1년 4개월째 만장일치로 연 1.25% 의 **금리**를 동결한 **한은** 금융통화의원회...

한은 금리인상 예고, 시중 **금리** 상승세로 이어져 신아일보   2017.10.22.

이는 국내 경기 회복세가 반도체 등 일부 품목의 수출 호조와 **부동산**가격 상승에 의한 것일 뿐 뚜렷하게 나타나지 않기 때문이다. **한은**의 **금리 인상** 추진 배경이 국내 경기 호전 이외에 미국 **금리** 연상에 영향를 받은...

[**한은**, **금리 인상** 강력 시사] "공격적 투자수요 줄어 **부동산** 시장 진정효과"
서울경제   📄 25면2단   2017.10.19.   네이버뉴스

"큰 폭 오르지 않는 한 급랭은 없을 것" 전망도 [서울경제] 한국은행이 19일 연내 기준**금리 인상** 가능성를 시사한 가운데 **금리** 상승이 **부동산** 시장에 미칠 여파에 관심이 쏠리고 있다. 전문가들은 **금리 인상** 속도에 따라...

출처: 네이버 검색 '한은 금리인상 부동산'

　　최근 지인의 소개로 상담을 해드린 적이 있었다. 부동산 분양 시장에서 10여 년 잔뼈가 굵은 58세의 어르신이었다. 정말 부동산이 힘들다고 할 때도 이 정도는 아니었는데 최근 서울의 부동산 분양 시장이 싹 죽었다고 했다. 그러면서 결국 금리가 오르는 것 같은데 얼마나 오를 것이냐?고 물었다.

　　그에 대한 대답으로 미국의 금리인상 속도에 달렸다고 했다. 그리고 한 가지 팁을 줬다. 한국의 국고채 3년물과 COFIX 잔액과 신규취급액을 잘 보라고 말했다. 이유는 부동산에 큰 영향을 미치는 것들이기 때문이다.

　　이 글을 읽는 여러분도 부동산에 관심이 있거나 보유하고 있다

면 꼭 확인해볼 필요가 있다.

네이버에서 간단하게 확인이 가능하니 들어가서 매일 확인하는 습관을 기르자.

먼저 네이버에 들어가면 증권 카테고리를 선택한다.

그러면 아래 화면이 뜬다. 여기서 눌러야 할 것은 시장지표이다.

출처: http://finance.naver.com/

시장지표 화면이 나오면 아래와 같이 눌러야 한다.

국고채(3년)를 누르면 아래와 같이 뜬다.

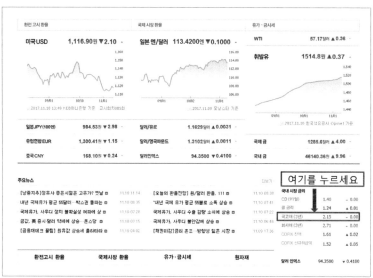

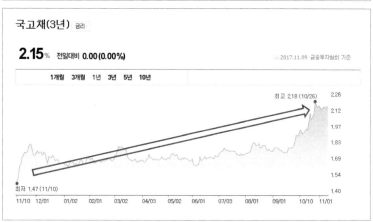

우리나라에서 국고채 3년물 수익률은 시장금리에서 중요한 역할을 한다. 이렇게 수익률(금리)가 급등하면 대출금리도 높아지기 때문에 부동산 대출자들은 고민이 많아진다.

1.75%에서 2.09%까지 상승했다. 실질적으로 0.35%밖에 상승 안 했는데 무슨 호들갑이냐?라고 말할 수 있지만 1.75%의 0.35%는 20%가 상승한 것이다.

만약 3%대로 올라선다면 두 배가 오른 것이기 때문에 내던 대출 이자가 두 배가 되는 것이다. 원리금 상환 중인 대출자는 매우 힘들어져서 집을 팔 수밖에 없을 것이다.

결국 시장금리에서 중요한 채권 금리이니 참고해야 한다.

주택담보대출 얘기가 나와서 말이지만 국고채 3년물을 봤다면 그 밑에 COFIX잔액 기준금리와 신규취급액 기준을 볼 필요가 있다.

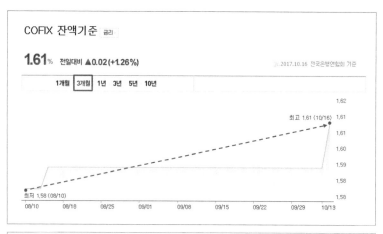

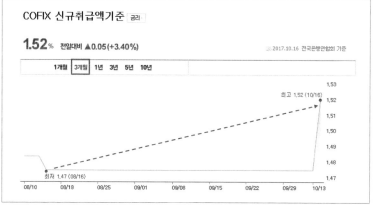

위 그림을 보면 두 개의 금리가 급등하고 있다. 결국 주택담보대출금리가 상승하고 있다는 것을 말하며, 앞으로 집을 사려면 이자 부담이 커질 것이라는 점이다.

그리고 이 금리는 이제 상승하기 시작한 초기이므로 앞으로 무르익어 지속적으로 상승한다면 주택시장에 위험이 있다.

그러니 계속 지켜보면서 COFIX 금리의 상승 및 하락이 주택의 상승과 하락을 연관해볼 필요가 있다.

솔직히 이것만 알아도 직장에서는 '경제 쫌 아는데 오~~올~~' 하는 소리를 들을 것이다.

2.
COFIX 금리 개념을 알아야 하는 이유는
내 집 마련과 관련이 있기 때문이다

이 책을 쓰고 있는 10월은 상당히 이슈가 많은 달인 것 같다. 그중 직장인이 가장 관심이 많은 이슈는 내 집이 있든 없든 주택담보대출 금리일 것이다.

밑에 뉴스를 캡쳐한 것을 보면 코픽스 금리가 오르고 있다는 뉴스다. 개념을 잡고 보면 많이 다르게 보일 것이다.

집 사는 걸 좀 더 미뤄보자는 게 감이 아니라 이성적으로 판단되지 않을까? 하는 생각에 개념정리를 해보았다.

담보대출을 받아본 사람들은 은행 대출업무 직원과 상담하면서 변동금리라면서 코픽스라는 말을 들어본 적이 있을 것이다.

COFIX(코픽스)는 은행연합회에서 매월 은행들의 자금을 조달하는 데 들어간 비용에 대한 원가를 조사하고 이를 취합하여 평균을 내서 발표하는 금리로 변동금리에 영향을 주는 기준금리라 할 수 있다.

대출금리 오늘부터 인상…'코픽스' 전달보다 0.05%p 상승
SBS 뉴스   2017.10.17.   네이버뉴스
지난달 신규 취급액 기준 **코픽스**는 전달보다 0.05%p 상승해서 1.52%였습니다. 9개월 만에
최고치입니다. **코픽스**는 주택담보대출 금리의 기준 역할을 하는데 오늘부터 새로 은행에서
대출을 받을 때 반영됩니다….
  └ 시중은행 주담대 대출 금리 최고 0.07… 소비자가 만드…   2017.10.17.

주택대출 금리 내일부터 오른다…**코픽스** 0.05%p 상승
연합뉴스   2017.10.16.   네이버뉴스
전국은행연합회는 9월 신규취급액 기준 **코픽스**가 8월보다 0.05% 포인트 상승한 1.52%라고
16일자 공시했다…. saba@yna.co.kr 신규취급액 기준…작년 12월에 이어 9개월 새 가장 높은
수준 잔액기준 **코픽스**도 0.02% 상승.
  └ 주택담보대출 내일부터 오른다…금…   아시아경제   2017.10.16.   네이버뉴스
  └ 신규취급액 기준 **코픽스** 9월 1.52%,…   파이낸셜뉴스   2017.10.16.   네이버뉴스
  └ 신규**코픽스** 껑충…주택대출 금리 뛰…   중앙일보   2017.10.16.   네이버뉴스
  └ 주택담보대출 기준 **코픽스** 금리 0.05   YTN   2017.10.16.   네이버뉴스
관련뉴스 17건 전체보기 >

주택대출 금리 오른다…신규 **코픽스** 올들어 '최고'
뉴시스   2017.10.16.   네이버뉴스
신규취급액 **코픽스** 1.52%…석달 만에 상승 잔액 **코픽스**도 1.61%로 상승세…고금리 자금 유
입 = 은행 주택담보대출의 기준금리 역할을 하는 **코픽스**(COFIX:자금조달비용지수) 금리가
신규취급액 기준으로 석달 만에…

출처: 네이버 검색 '코픽스'

　쉽게 말해 은행들이 대출해주기 위해 어디서 돈을 가져와야 하
는데 그 원가가 얼마냐를 금리로 표시한 형태라 할 수 있다.

　은행도 원가 이상의 금리로 돈을 빌려주고 원가를 뺀 차익을 이

익으로 챙기기 때문에 원가에 따라 주택담보대출의 변동금리는 달라질 수밖에 없다.

 COFIX 잔액기준금리란? 월말을 기준으로 조달잔액에 적용된 금리를 은행연합회에서 계산하는 식에 의해 가중평균한 잔액기준으로 구했기 때문에 변동성이 적다고 할 수 있다.

 반대로 COFIX 신규취급액 기준금리란? 매월 신규로 조달한 자금에 적용된 금리를 가중평균하여 계산된 금리로 신규로 조달된 자금이 전체 잔액기준의 자금보다 작기 때문에 변동성이 큰 편이다.

 쉽게 말해 작은 배가 큰 배보다 파도가 거셀 때 많이 흔들리듯이 금리의 변동이 심하다는 것이다. 그러나 파도가 거세질 때 신규취급액 기준금리가 빨리 움직이기 때문에 현실을 빨리 반영하는 장점이 있다. 그렇기 때문에 금리가 오르기 시작한 최근에 COFIX 신규취급액 금리가 급등하는 모습을 나타낸 것이다.

 결론적으로 미국의 채권금리 상승이 시장에 반영되면서 우리나라의 국채금리들에 영향을 줬고, 결국 시장금리의 상승으로 나타나면서 이는 부동산 대출 금리 중 변동 금리인 COFIX 기준금리에도 영향을 준 것이다.

아래 기사를 참고해보면…:

변동 금리형 주택담보대출의 기준이 되는 건 주로 신규취급액 기준 코
픽스다.
신규취급액 기준 코픽스가 오르면 신규 주택담보대출에 적용하는 대출
금리에 곧바로 반영된다.

이에 따라 은행들은 17일부터 신규 주택담보대출 금리를 올릴 예정이다.
기존 대출자에 적용되는 금리는 시차를 두고 오른다. 보통 변동금리형
대출의 금리 변동 주기는 6개월이다.

출처: 중앙일보 - 변동금리형 주택대출 오늘부터 이율 인상

결국 앞으로 신규주택을 매입할 때도, 이미 매입한 사람도 모두
대출금리가 오를 것이라는 기사다. 그러나 앞에서도 강조했듯이
이제 시작이다. 왜냐고?

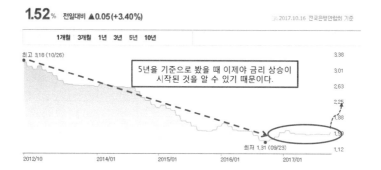

COFIX 신규취급액기준 금리

1.52% 전일대비 ▲0.05(+3.40%)   2017.10.16 전국은행연합회 기준

1개월 3개월 1년 3년 5년 10년

최고 3.18 (10/26)

5년을 기준으로 봤을 때 이제야 금리 상승이
시작된 것을 알 수 있기 때문이다.

최저 1.31 (09/23)

2012/10 2014/01 2015/01 2016/01 2017/01

2016년 말 COFIX 신규취급액 기준금리는 바닥을 찍고 올해
들어 지지부진하던 차에 10월 중순부터 오르는 모습이었기 때문
이다.

앞으로 전 고점인 3%대까지 상승하려면 두 배 정도 남았는데 이
게 빠르게 오르는 모습을 본다면 2019년 정도면 부동산 시장은 곡
소리가 날 가능성이 높다.

3.
경제와 정치뉴스가 채권시장에
어떻게 영향을 미칠까?

첫 번째 기사

2017년 10월 21일자 뉴스에 미 옐런 연준의장이 백악관에서 트럼프의 면접을 봤고, 돌아가다가 다시 백악관으로 와서 케리콘 국가경제위원회 위원장과 점심을 먹었다는 소식에 미국의 국채수익률은 한때 하락하는 모습을 보였다.

그러나 백악관 관계자는 게리콘과 점심만 먹는 것이고, 별다른 의미는 없다며 가끔 그렇게 한다는 로이터 통신에서 뉴스가 나오자 국채수익률은 다시 상승했다. 어떤 의미일까?

여기서는 매와 비둘기에 대해서 알아야 한다. 왜 뜬금없이 조류가 나오냐고?

정치에서 보면 매파와 비둘기파가 나눠서 치고박고 하는 모습을 자주 봤을 것이다. 특히 우리나라는 진보냐? 보수냐? 하며 싸우지만, 미국 정치인들은 매파(강경파)냐? 비둘기파(온건파)냐? 하면서 싸

운다.

요즘 한참 인기있는 영화 '남한산성'에서 김상헌(김윤석 분)이 끝까지 청나라와 전쟁을 불사하자는 매파라면, 명분보다는 실리를 챙기고 잠깐의 치욕을 견디자며 전쟁을 반대하는 최명길(이병헌 분)은 비둘기파다.

이렇듯 금융시장에서도 비둘기파와 매파가 나뉜다. 특히 연방준비위원회(FOMC)에서 연준의장과 총재들이 어떤 발언을 주로 하는지에 따라 매파로 분류되기도 하고 비둘기파로 분류되기도 한다.

여기에 기준은 08년 금융위기 이후 저금리 기조와 양적 완화를 고집했던 쪽이 비둘기파였고, 반대로 금리를 인상해야 한다는 쪽이 매파였다.

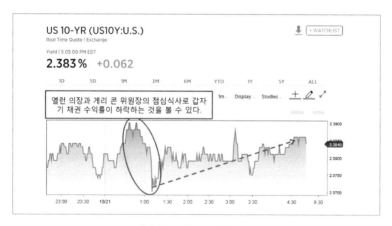

출처: https://www.cnbc.com

그래서 다시 뉴스로 돌아가서 차트를 보면서 설명하자면 내년 2월 연준 의장을 새로 뽑아야 하는 상황에서 現 의장인 자넷 옐런이 트럼프의 면접을 봤고, 끝나서 집으로 돌아가던 중 다시 게리 콘 국가경제위원장이 연락이 와서 점심을 먹었다는 소식이 들렸다.

시장에서는 비둘기파인 자넷 옐런이 연임을 하는 것이 아니냐는 추측이 나왔고, 그렇게 되면 기준 금리를 빠르게 올리지 않아도 되니 지금처럼 국채수익률이 빠르게 오르는 것은 오바(?) 아니냐는 심리가 작용하여 국채를 매입하였다.

국채를 매입하면 가격이 오르기 때문에 국채수익률은 떨어지는 현상이 벌어졌다. 그러나 백악관 관계자가 별다른 의미 없는 평범한 점심식사자리였다는 브리핑에 다시 차트의 화살표처럼 국채 수익률은 올라간 것이다.

이처럼 비둘기파의 의견이나 매파의 의견이 이슈가 되면 시장 투자자들은 이에 즉각 반응하여 채권을 매입하거나 매도하는 상황이 벌어지고 결국 채권 수익률은 상승 또는 하락한다.
이는 한국시장의 채권 수익률에도 영향을 미치며 시장금리에까지 파급된다.

참고로 미국 채권 10년물과 한국 채권 10년물 금리가 금융위기 이후 어떻게 닮았는지를 보면 좀 더 잘 알 수 있다.

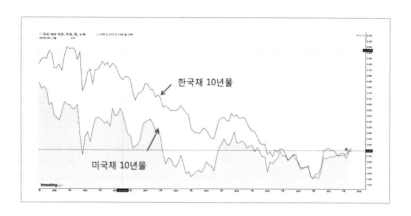

미국채와 한국채 수익률의 방향성이 비슷한 것을 눈으로 볼 수 있다. 미국의 영향이 한국에도 미친다는 것을 의미한다. 최근에는 거의 붙어있는 것도 볼 수 있다.

4.
감세안 → 금리인상 → 채권수익률 상승

요즘 미국에서 1. 대규모 감세안이 나올 것이라는 소식이 연일 나온다. 그러면서 대규모 감세안이 나오면 2. 금리인상이 빨라질 것이고 3. 채권수익률은 빠르게 오를 것이라 한다. 왜?

먼저 이 내용에 대해 알기 위해서는 기초지식이 필요하다.

국가가 경제 목표를 달성하기 위해 사용되는 정책은 두 가지다. 재정정책과 통화정책이다.

재정정책은 정부에서 하는 것이고, 통화정책은 중앙은행, 즉 한국은행에서 한다.

정부는 1. 재정지출을 늘리거나 줄이거나 2. 세금을 더 걷거나 덜 걷거나… 하면서 정책을 실행한다.

통화정책은 중앙은행이 시장에 돈이 잘 돌고 있는지를 보면서 돈이 마르고 있으면 (돈을 물처럼 이미지화해서 생각하면 쉽다) 돈을 공급해주고, 돈이 넘쳐나면 그 돈을 빨아들이는 정책을 펴면서 정책을 실행한다. 시장에 돈을 더 공급하거나 돈을 흡수하는 장치가 금리인상과 인하결정이다.

그럼 이제 이 뉴스에 대해서 해석을 해 보자.

미국에서는 트럼프가 사상 최대 감세안을 발표했다고 한다. 일단 여기서 키 포인트는 **감세안**이다.

Why? 위에 기초지식을 보면 정부는 재정정책을 실행하는 데 세금을 더 걷거나, 덜 걷는다 했다. 지금 트럼프의 감세안은 당연히 덜 걷겠다는 것이다.

쉽게 말해 세금을 깎아 주겠다는 것이다. 트럼프는 왜 이런 정책을 폈을까?

근본적인 취지는 이런 것이다. 만약 미국의 대다수 국민인 중산층과 중하층들이 세금을 깎아주면 꽁돈(?)이 생겼다고 기뻐하며 소비를 할 것이다.

이는 기업들의 이익을 증대해주고 기업의 이익이 증가하면 증시도 좋아질 뿐만 아니라 기업이 직원들에게 보너스를 줄 것이니, 직원들은 더 많은 소비를 할 것이라는 기대 때문이다.

그러나 여기에는 하나의 문제가 생긴다. 사람들이 소비가 늘어나면 물가가 오른다는 것이다. 물가가 오르는 그 자체는 좋다고도 나쁘다고도 할 수 없다. 다만 지나치게 상승하거나 하락하는 것이 나쁘다고 할 수 있다.

이를 중앙은행이 금리를 올리거나 내리면서 조절을 하는 것이다.

그러나 이에 대해 금리인상이 빨라질 것이라는 뉴스가 같이 나온다. 앞에 기초지식에서 금리인상과 인하 결정은 중앙은행이 한다고 했다. 미국은 연방준비위원회(FOMC)에서 하는데 연준 의장은 자넷 옐런이다.

이번 대규모 감세안을 보면서 옐런 의장은 줄곧 반대의 입장을 폈다. 그러면서 대규모 감세안이 실행되면 물가가 급격하게 상승할 것이며, 그렇기 때문에 금리를 인상해서 물가를 잡겠다는 것이다.

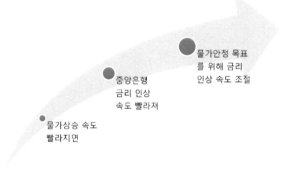

물가상승 속도
빨라지면

중앙은행
금리 인상
속도 빨라져

물가안정 목표
를 위해 금리
인상 속도 조절

물가는 물건의 가격이다. 금리는 자본의 가격이다.

물건 값이 자본 값보다 오르면, 즉 저축 금리나 임금이 올라도 물건 값이 더 빠르게 오르면 소용이 없다. 왜냐하면 사람들은 물건 값이 빠르게 오르면 사재기를 시작하기 때문이다.

오늘 사놓으면 내일은 분명히 올라있을 것이기 때문이다. 그리고 반대로 돈의 신뢰가 떨어질 수 있다.

> **기초상식**
> 화폐가치가 하락하는 반면 물가가 전반적, 지속적으로 상승하는 경제 현상을 인플레이션(inflation)이라고 한다.

그렇기 때문에 트럼프의 대규모 감세안은 시장의 버블을 키울 수 있고 이게 결국은 터지면서 경제가 급격히 추락하는 경제위기로 갈 수 있다는 것이다.

그래서 옐런 의장은 경제의 버블을 방지하기 위해서 금리 인상 속도를 빠르게 하겠다는 것이다. 금리는 곧 자본의 가격이기 때문이다.

뉴스의 세 번째 이슈는… 그래서 '채권 수익률은 상승할 것'이라는 점이다.

너무나 당연한 이치다. 중앙은행에서 금리를 올리면 예금과 대출 금리도 오른다.

그러면 채권 또한 타인에게 돈을 빌리는 행위가 아닌가?

채권증서에 표시된 금리가 높아지지 않으면 누가 채권을 사려 할까?

그냥 은행에 예금을 하겠지…. 그렇기 때문에 채권시장에서는 금리 인상을 즉각 반영할 수밖에 없다.

또 한 가지 알아둘 것은 단기채가 빨리 반영되고 장기채가 상대적으로 천천히 반영되는 경향이 있다는 것이다.

결론적으로 이 뉴스의 핵심은 트럼프의 감세안으로 물가가 빠르게 상승할 것이고, 인플레이션이 발생하면 나중에 경제가 버블이 심각한 상황으로 갈 수 있기 때문에 중앙은행은 금리인상으로 속도를 조절할 것이라는 게 핵심이다.

이에 대해 투자자로서 '채권 수익률이 상승하니 채권가격이 떨어지겠군…. 채권을 팔아야지.' 하는 결론을 유추한다면 투자 센스가 있다 하겠다.

한 번 더! 센스가 있으려면… 앞으로 물가가 오를 것이라고 전망되면 사야 하는 채권이있다. 뭘까?

정답은 물가연동 국채다.

5.
물가 상승 → 물가연동국채에 투자하라!

"인플레이션 서프라이즈에 대비할 것" 한경비즈니스　2017.10.31.　네이버뉴스
물가채(물가연동국고채)가 우위를 보일 것으로 판단된다. ◆ "시장이 Fed를 잘못 읽고 있다" 특히... 한 달 만에 미국 국채 10년 금리가 약 0.30%포인트나 상승했지만 중기적인 관점에서 채권 투자는 조금 더 보수적으로...

[금리 인상기 자산관리] 뱅크론 하이일드펀드에 투자할 만
이코노미스트　2017.10.30.　네이버뉴스
물가연동국채 이자소득 분리과세 적용 금리 인상기에는 채권가격이 떨어져 관련 투자는 피하는 게 좋다. 다만 금리와 연동해 수익률이 결정되는 뱅크론펀드나 하이일드펀드는 눈여겨 볼 필요가 있다. 뱅크론은...

[머니+ 금리인상기 재테크 전략]예·적금 만기는 짧게...뱅크론펀드·원자재...
서울경제　2017.10.29.　네이버뉴스
물가연동채펀드는 자산의 대부분을 물가연동국채에 투자하는 상품으로 인플레이션에 따라 수익률이 올라간다. ◇급격한 포트폴리오 조정은 금물 다만 전문가들은 금리 인상을 전제로 한 너무 급격한 포트폴리오 조정을...

출처: 네이버 검색 '물가연동국채'

　물가연동국채라고 검색하면 뉴스에서는 물가 상승 기대감으로 채권가격은 하락하겠지만, 물가연동 채권은 매력적이라는 뉴스가 나온다.

　일단 개념부터 보자면 물가연동국채란 채권의 원금과 이자지급액이 물가가 오른 만큼 연동되어 연금 가치도 보존되는 국채를 말

한다. - 매경시사용어 사전

앞에서 물가가 상승하면 중앙은행이 돈의 가치가 지나치게 떨어지는 것을 방지하기 위해 금리를 올린다고 했다. 복습차원에서 왜?를 묻는다면, 당연히 금리는 돈의 가치이기 때문에….

금리가 오르면 채권의 가격은 하락한다. 이때 좀더 유식한 말로 떠들면 있어 보인다.

채권은 fixed income securities이기 때문이다. 즉 금리가 확정되어있는 증권이기 때문이다. 쉽게 말해 받게 될 원금과 이자가 미리 정해진 상태다.

투자자가 투자한 시점보다 물가가 상승하면 내가 투자할 때의 금리보다 채권 금리는 높게 상승하고 나의 채권가격은 상대적으로 싸지는 것이다.

내가 채권을 9,500원에 샀는데 물가가 상승하면서 금리가 올라 채권가격의 하락으로 9,300원이 되었다면 내가 보유한 채권은 이미 200원, 2.1% 하락한 것이기 때문에 그만큼 손해가 난 것이다.

그래서 물가가 오를 때 따라 오르는 채권을 만들었는데 그것이 물가연동국채이다. 채권 이름에서도 알 수 있듯이 물가에 연동되기 때문에 기본 이자는 정해져있지만 물가가 상승하면 기존에 정해진 물가 이상의 상승분은 이자로 지급이 된다.

그러므로 물가가 오르더라도 돈의 가치는 하락하지 않기 때문에 물가가 지속적으로 상승할 것이라 예상이 된다면 물가연동국채를 사야 한다.

즉, 지금 이 시기가(이 책을 쓰고 있는 시점은 2017년 11월임) 적절한 시기가 될 것으로 보인다. 특히 미국의 물가연동국채(TIPS: Treasury inflation Protected Securities)는 매우 매력적인 가격대라고 볼 수 있다.

美 10년 만기 물가연동국채 입찰 호조 연합인포맥스 2017.05.19.

(뉴욕=연합인포맥스) 이중혁 특파원 = 미국의 10년 만기 물가연동국채(TIPS) 입찰에서 수요가 많이 몰렸다. 미 재무부는 18일 110억달러 어치의 10년 만기 TIPS 입찰에서 해외 중앙은행 등의 간접 낙찰률이 80.3...

필코 "금리 상승에 대비해야…美장기 물가채 매력적" 연합인포맥스 2017.09.14.

(서울=연합인포맥스) 김성진 기자 = 글로벌 자산운용사 필코는 금리 상승에 대비해 방어적 포트폴리오를 구성할 필요가 있다면서 미국 물가연동국채(TIPS) 장기물에 투자 매력이 있다고 조언했다. 필코의 스콧 매더 미국...

美 국채 수익률 일제히 하락…ECB 조심스러운 테이퍼 뉴스1 2017.07.21. 네이버뉴스

이날 실시된 130억 달러 규모의 10년 만기 미국 물가연동국채(TIPS) 입찰에서 응찰률은 1.98배에 그쳐, 지난 2008년 7월 이후 최저치를 기록했다. yellowapollo@ ▶ 놓치면 후회! 최신 만화 보기 / 2017년 나의 운세 보기...

<뉴욕마켓워치> 연준 위원 발언 지표 혼재…달러 주가 호조 국채↑ 연합인포맥스 2017.06.24.

리데커는 "현재 물가 기대가 올해나 내년 연준의 금리 인상 가능성을 높일 수 있는 척도이다"며 "지난달 10년과 5년 만기 미국 물가연동국채(TIPS)에 이어 전일 30년 만기 TIPS 입찰에서 수요가 호조를 보였다"고 설명했다....

<뉴욕환시> 달러화, 연준 위원 엇갈… 연합인포맥스 2017.06.24.

출처: 네이버 검색 '미국 물가연동국채'

트럼프가 정말 사상 최대의 감세안을 통과시킨다면 물가는 급등할 것이고 물가연동국채는 이자를 더 많이 받을 수 있기 때문에 가격은 상승한다. 같은 채권이지만 국채와 회사채 등과 완전 다른 점이다.

그러나 반대로 최대의 감세안을 기대했지만, 기대에 못 미칠 때는 물가연동국채의 가격이 하락할 가능성도 염두에 두어야 한다.

실제로 미 의회는 트럼프 감세안을 100% 수용하지 못할 것이라는 뉴스가 나오고 있기 때문에 감세안 뉴스를 주시해야 한다.

참고 **이번 트럼프 대통령의 대규모 감세안은 서민을 위한 것인**

가? 고양이에게 생선을 맡긴 꼴!

한번 더 꼬리를 물고 들어가 보면…. 이 질문에 대한 답은 전혀 그렇지 않다. 최근 로이터와 입소스가 실시한 여론조사에서 부자세 감면에 대한 반대 입장이 76%로 조사되었다.

트럼프는 감세안에 대해서 **'중산층에게 기적'**을 가져올 것이라 했지만, 전문가들의 평가는 소수 슈퍼리치들에게만 기적이고 나머지는 빵부스러기 정도가 될 것이라는 전망이다.

트럼프는 자신의 세금 6400억을 아낄 수 있는 정책을 적극적으로 밀어붙이고 있다.
트럼프 또한 슈퍼리치로서 한화로 약 6400억 원을 절세할 수 있다는 뉴스가 같이 나온다.

요즘 "다스는 누구 것입니까?"라는 말이 국정감사기간에 자주 나오고 있는데 우리나라에 MB 가카가 참 창의적으로(?) 재산을 지켰다면 미국에는 트럼프와 그의 행정부 수반들이 노골적으로 자기 재산을 지키고 있다는 게 참 잘 어울린다는 생각이 갑자기 든다.

문제는 슈퍼리치와 대기업 그리고 대기업 중 글로벌 기업들에 대한 혜택이 워낙 큰 데 반해 세금이 상당히 덜 걷히기 때문에 국가 운영을 위해서는 어디서든 땡겨(?) 와야 한다.

우리나라의 최근 두 대통령이 간접세를 올리든가 아니면 담배와 소주에 세금을 더 매겼던 것처럼 어쨌든 중산층과 그 이하 서민들에게는 어떤 식으로든 부담이 될 것으로 보인다.

앞에서는 생색내고 뒤에서는 등꼴 빼먹겠다는 심보다.

감세안이 대규모일수록 물가상승은 가파를 것이고, 상대적으로 통화가치는 하락할 것이다.
사람들은 돈값이 떨어지기 때문에 돈을 들고 있지 않을 것이고, 소비를 할 것이다.

부동산을 사는 것부터 시작해 무엇이든 돈보다는 물건을 사려할 것이다. 이것이 경제에 거품을 일으킬 것이다. 지금도 증시는 부담스러울 정도로 올랐고, 채권가격도 상당히 많이 올랐다.

지금도 거품이라고 하는데 다시 한번 거품을 일으키는 것은 거품이 붕괴되는 것을 일찍 보겠다는 것으로밖에 보이지 않는다.
어쨌든 매우 낮아진 채권금리는 다시 상승하기 시작했고, 이는 채권가격의 하락을 의미한다.

앞으로 옐런 의장과 그 후임자가 금리인상 속도를 지금까지의 속도보다 빠르게 올려야 한다는 결정을 내린다면 채권가격은 심하게 하락할 수 있다는 것을 명심하자.

6.
골드만 삭스의 9월 금가격 전망
'금 랠리 이제 곧 끝날 것'에 대한 기사

2017년 9월 6일 골드만 삭스가 금가격이 조정을 받을 것이며 금 랠리는 끝났다는 리포트가 뉴스에 나왔다.

이전 뉴스들은 한반도 전쟁가능성이 커지면 안전자산 선호현상이 강하게 나타났고, 그로 인해 금가격이 상승했다고 보도했다.

그러나 골드만 삭스는 북한의 리스크보다 트럼프 불확실성 때문에 금가격이 올랐다는 것이다. 리포트에서는 한반도 긴장은 15% 정도 금가격에 영향을 끼쳤다면 트럼프 지지율 하락은 탄핵과 연결될 수 있고, 아직 정부의 부채한도 협상이 해결되지 않아 '셧 다운' 가능성이 높아졌다는 것이다. 트럼프로 인해 미국정부가 마비가 올 수 있다는 가능성으로 금가격 상승과 달러 약세를 만들었다는 것이다. 금가격 상승의 비중 중 85%는 트럼프 때문이라는 것이다.

뉴스 분석

위 뉴스를 읽어보면 정부의 부채한도 협상이나 셧다운이라는 단어가 생소한 독자들이 많을 것이다. 그리고 트럼프 리스크가 왜 금가격 상승과 달러 약세를 만들었는지도 궁금할 것이다.

이것이 정치뉴스에서 금융시장의 흐름을 예측해야 하는 이유다.

정부의 부채한도 협상에 대해서 개념을 잡아보자.

일단 미국 정부는 매년 1조 달러씩 재정적자를 보는 나라다. 세금을 걷는 것보다 쓰는 것이 많다는 것이다. 그래서 세금을 걷은 것만으로는 정부를 운영할 수 없다.

그러나 미국의회는 법으로 정부의 부채한도를 정해놨고, 이것이 2013년 5월 들어 한도 초과 사태에 놓인 것이다. 그래서 오바마는 부채 한도를 증액해줄 것을 의회에 요청했고, 공화당의 반대로 타결이 되지 않자 셧다운을 실시한 것이다.

셧다운이라는 말은 쉽게 말해 '샷다 내린다'는 말이다. 가게의 셔터를 내린다는 것은 영업이 끝났다는 말처럼 예산안 합의가 되지 않게 되면서 예산안이 배정되지 않아 정부기관이 일시적으로 폐쇄하는 상황이 벌어지는 것이다.

셧다운이 실행되면 정부는 일부 필수적인 기능은 유지하게 된다. 군인, 경찰, 우편, 항공, 전기 및 수도, 교정, 기상예보 등 국민의 생명 및 재산보호에 직결되는 업무는 유지한다는 것이다.

그러나 그 이외의 공무원들은 무급 휴가를 가게 되고, 예산안이 편성되기까지 공무원들은 월급도 받지 못하게 된다.

이는 트럼프의 트럼프케어와 감세안 등으로 인해 민주당의 반대와 맞물리면서 리스크로 발전했고, 시장은 이에 대해 정말 정부가 셧다운할 수 있겠다는 판단을 하게 된다. 이로 인해 금을 매수하게 되고, 미국이 위험해질 것으로 판단한 투자자들은 달러를 팔고 금이나 다른 화폐를 매수하는 상황이 벌어진 것이다.

결국 의회는 정부의 부채한도 협상을 12월로 미뤘고, 시장은 정상화 되면서 트럼프 리스크도 둔화되는 모습을 보였다.

이 뉴스의 골드만 삭스 보고서 결론

결국 트럼프 리스크는 둔화될 것이며, 금가격 랠리는 종료될 것이다. 1340달러대로 1년 내 최고치를 달리던 가격은 올해 말 1250달러대에서 종료할 것이라는 결론을 내렸다.

나의 분석

나는 이 뉴스를 가지고 증권방송에서 한 주제로 다룬 적이 있다.

이때 나의 분석은 금가격 상승요인에 대해서 골드만 삭스와 동일했고, 결론은 조정은 있을 수 있지만, 내년의 금가격은 훨씬 좋을 것이라는 것이었다.

출처: 서울경제 TV 20170907_출발 증시와이드_1291회_1부 '이호룡의 돌직구'

결론이 골드만 삭스와 달랐던 점은 12월은 금리 인상과 부채 한도 협상이 동시에 있기 때문에 12월은 시장 심리가 불안해질 수 있다는 점이었다. 그러므로 골드만 삭스가 목표한 1250달러대보다 좀 더 높은 가격에서 끝날 것이라 봤다. 그리고 내년에는 더욱 좋아질 수밖에 없을 것으로 봤다.

그러나 12월 금리 인상은 달러의 위치를 강세로 전환할 수 있기 때문에 금가격이 크게 상승하지는 않을 것이라는 부분은 예상이 되었다.

그래도 인플레이션에 대한 징후가 상당 부분 나타나고 있기 때문에 금가격에는 호재가 될 것이다.

위렌 버핏과 여러 투자 달인들은 증시와 채권이 너무 비싸다는 발언들을 줄곧 해 왔다.

2018년도에는 증시와 채권 가격에 대한 부담이 시장 투자자들에게도 인식되는 해가 될 것이다.

트럼프의 막말이 극대화된다면 다시 트럼프의 정치리스크는 시장을 자극할 수 있다.

내년 미국은 중간 선거를 하게 되는데 여기서 공화당이 패한다면 트럼프는 레임덕에 빠질 수 있다. 이런 여러 리스크들이 내년에는 존재한다. 그러므로 안전자산 선호는 더욱 강해질 수밖에 없다.

이렇게 뉴스를 보고 본인만의 분석을 담아내는 노력을 해야 한다. 뉴스에서 모르는 용어들은 개념부터 찾아보고 블로그 글과 다른 뉴스도 찾아보면서 한 뉴스에만 치우치지 말고 종합하는 습관을 들여야 본인의 'View'가 생긴다.

CHAPTER 03

물가/환율/통화량/금리의 관계,
이 정도는 알고 가자!

1.
물가와 환율/통화량/금리의 관계,
이 정도는 알고 가자!

앞에서 물가와 금리와의 상관관계를 보면서 채권 투자를 어떻게 해야 하는지에 대한 기본적인 방향성을 알아보았다.

그렇다면 물가가 중심이 돼서 환율과 통화량, 금리에 어떤 영향을 주고 받는지를 간단하게 설명해 볼 필요가 있다. 이는 경제 신문에 단골 메뉴이고 이것만 알아도 경제 신문 반은 이해할 수 있기 때문에 개념을 잘 잡아놓을 필요가 있다.

1) 환율정책과 물가와의 관계

환율을 설명하면 재테크에 관심이 덜한 사람들은 헷갈리는 부분이 있다. '환율이 상승했다'와 '환율이 하락했다'의 개념이다.

자! 여러분이 해외 여행을 가려고 한다.
환율이 상승해야 좋을까? 아니면 환율이 하락해야 좋을까?

정답은 환율이 하락해야 좋다. 이유는 간단하다. 환율이 하락한 것은 원화가치가 상대통화가치보다 상승했다는 의미다. 그렇기 때문에 달러로 환전한다면 1달러당 1,000원에 환전했던 어제보다 오늘 1달러당 900원이라면 100원정도 더 싸게 환전할 수 있기 때문이다.

결국 원화를 기준으로 했을 때 원화보다 달러가 오르면 원/달러 환율이 상승했다라고 표현하고 반대로 원화보다 달러가 하락했을 때 원/달러 환율이 하락했다라고 표현한다.

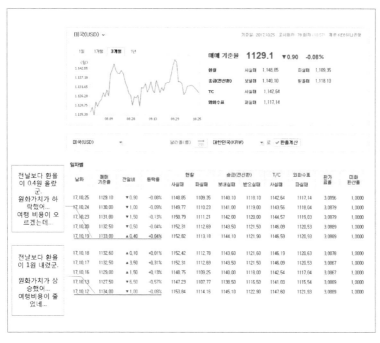

출처: 다음 > 금융 > http://finance.daum.net

고환율 정책의 개념과 실행 이유

정부가 환율정책을 실시할 때 통상 고환율 정책을 선택하는데 우리나라는 대표적으로 이명박 대통령 때 고환율 정책이 이슈가 되었다.

서민지갑 턴 MB정부 고환율 정책을 기소하라!
한겨레　📄 14면 TOP　2012.03.09.　네이버뉴스　↗
'서민지갑을 강탈한 검은손의 실체'란 부제를 단 〈고환율의 음모〉는 엠비(MB) 정부의 '고환율 정책'이 어떻게 국민의 지갑에서 엄청난 돈을 빼내 수출 대기업의 금고에 차곡차곡 쌓아 주었는지를 보여준다. 현...

[이슈 MB경제] MB경제 좌초의 출발점...2008년 고환율정책
플리뉴스　2010.03.10.　↗
그리고 집권 1년기 고환율 정책은 MB의 '비즈니스 프렌들리'의 산물이라는 점이다. 수출기업이 잘돼야 우리나라가 잘된다는 경제철학이 낳은 비극이다. 그러나 이에 대한 반성은 없다. 작년 재벌 대기업들이...

"MB 고환율 정책이 주식시장의 패닉사태 초래"　시민일보　2011.08.10.　↗
특히 천 최고위원은 "MB정권의 잘 못된 정책의 결과, 특히 고환율을 고집해 온 결과"라고 비난했다. 그는 "이번 사태는 사실 S&P의 미국 신용평가 하락 이전부터 예고된 것이었다. 이명박 정부는 지난 7월말부터...

MB정부의 '고환율 정책'이 위험한 증거　뉴스앤뉴스　2010.05.11.　↗
다시 말해 MB정부의 '고환율 정책'이 2010년에도 여전히 지속되고 있는 것이다. '고환율 정책'에 의해 수출 대기업들은 이익이 엄청나게 증가하는 반면 그 만큼의 소득이 서민가계에서 빠져 나간다. 쉽게 말해...

출처: 네이버 검색 'MB 고환율정책'

그 이유를 알려면 고환율 정책이 뭔지부터 알아야 하는데 앞에서 배운 환율이 상승하게 하여 원화가치를 상대편 통화 대비 낮게 가져가는 것이다.

왜 정부는 고환율 정책을 쓸까?

우리나라는 수출에 의존하는 나라라는 것은 잘 알 것이다. 만약 원화가치가 달러가치보다 비싸다면 수출업체의 물건가격은 비싸

보일 수밖에 없다.

쉽게 말해 우리가 여행하기는 싼데 우리나라로 외국인이 여행 오기는 비싸 보이는 것처럼 달러보다 원화가치가 비싸면 한국이 외국인을 대상으로 수출장사나 외국인 여행객 유치면에서는 불리하다.

그래서 수출실적을 증대시키기 위해 원화가치를 낮게 유지하는 고환율 정책을 쓰게 되고, 이는 외국인 입장에서 싼 물건처럼 느껴지기 때문에 가격경쟁력이 생기는 것이다.

여러분은 같은 품질의 물건을 비싸게 사고 싶은가 아니면 싸게 사고 싶은가? 당연히 싸게 사고 싶을 것이다.

수출하는 입장에서는 최대한 싸게 보여야 하니 원화가치가 내려갈 때 호재가 된다. 그렇기 때문에 고환율 정책을 써서 경상수지를 좋게 하는 정책을 쓰는 것이다.

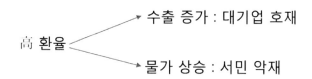

高 환율 → 수출 증가 : 대기업 호재
高 환율 → 물가 상승 : 서민 악재

백악관의 환율전쟁도 결국 미국의 고환율 정책을 위한 전략이다.

올해 초 트럼프는 백악관에 입성하자마자 전 세계를 상대로 환율전쟁을 선포했다는 뉴스가 주를 이뤘다.

트럼프發 환율전쟁 임박, 환율조작국 지정 여부에 촉각
뉴데일리 2017.02.12.
트럼프 행정부로부터 촉발된 글로벌 **환율전쟁**에 세계 각국이 자국 산업보호와 수출 증진을 위해 통화가치를 떨어뜨릴 수 있기 때문이다. 글로벌 **환율전쟁**에 한국이 적잖은 피해를 볼 것이란 우려가 커지는 대목이다....
└ 트럼프發 '**환율전쟁**' 속 손발 묶인··· 신아일보 2017.02.12.

트럼프발 '**환율전쟁**' 촉각 곤두세우는 철강·조선 항공 한국무역신문 2017.02.17.
수출 위주 철강·조선 '타격' 우려···다만 원재료 수입은 '긍정적' 도널드 **트럼프** 미국대통령 발(發) 글로벌 환율·무역**전쟁**이 점차 가시화하고 있는 가운데 국내 산업계가 촉각를 곤두세우고 있다. 17일 재계에 따르면 트럼프...

한국은 환율조작국? 트럼프發 **환율전쟁** 격화될 이유 6가지
에너지경제 2017.02.17.
트럼프發 **환율전쟁** 격화될 이유 6가지 -"日·유럽, 물가회복 위한 독자적 통화정책 곤란"(AFP)" src="/data/photos/cdn/20170217/2017021701000787200032251.jpg" border="0"> 트럼프 정책은 달러 강세를 가리키지만 그의 입은 정반대를 향한다....
└ 트럼프의 '입' 주목···글로벌 환율전··· 뉴스1 2017.02.17. 네이버뉴스

출처: 네이버 검색 '트럼프 환율전쟁'

자국의 고환율 정책을 유지하려고, 다른 나라의 화폐가치가 하락하는 것을 외교적 압박으로 경고하려 했던 것이다. 이에 다른 나라들도 반발 내지 꼼수를 써가며 초강대국 미국에 맞서 살아남기 위한 몸부림을 친 것이다.

이때 한참 미국이 환율 조작국 지정을 할 것이라는 협박이 이슈였다. 대표적으로 긴장했던 나라들이 중국과 한국, 일본이다.

2) 고환율 정책은 서민만 힘들다

고환율 정책은 원화가치를 하락시킨다고 설명했다. 만약 원화가치가 하락하면 수출업체에는 좋겠지만, 서민의 입장은 어떻게 될까? 우리나라도 많은 물건을 수입하고 서민들이 수입품을 구매하기 때문에 생각해볼 문제이다. 원화 대비 달러가 1,000원이었다고 가정하자.

달러가 1주일 만에 10% 상승한 1,100원이 된다면 우리는 수입물품을 10% 비싸게 사야 하는 상황이 된다. 그렇게 되면 신문에는 수입물가가 올랐다는 뉴스가 나올 것이다.

그런데 알고 봤더니 정부가 일부러 수출업체 좋자고 서민들은 고물가에 허덕이게 했다는 비판이 나올 것이다.

결국 물가를 잡기 위해 정부와 한국은행은 나설 것이고, 이는 금리인상으로 이어질 것이다. 그렇게 되면 결국 채권 금리도 오를 것이다.

이런 논리의 흐름을 잘 알아야만 투자를 할 때 흐름을 놓치지 않을 수 있다.

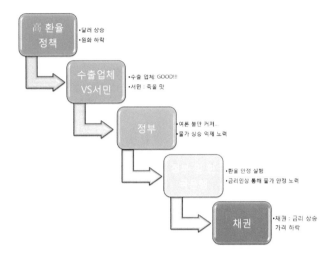

2.
환율과 주가와의 관계

꼬리에 꼬리를 물고, 환율이 나왔으니 환율과 주가는 어떤 연계가 있는지도 알아보자.

1) 환율상승 = 주가상승?

앞에서 우리나라는 수출주도형 기업 중심의 경제이기 때문에 환율이 상승할 때(원화가치가 달러에 대해 값이 싸질 때) 실적이 잘 나온다고 앞에서 언급했다. 그러면 주가에도 긍정적인 영향을 미치고, 이는 코스피, 코스닥에도 긍정적인 영향을 미칠 것이라는 예상을 할 수 있다.

하지만 이 말은 틀렸다. 완전히 틀렸다기보다 금융위기 이후 틀린 경우가 훨씬 많았다.

지금 시장을 볼 때 환율이 하락하면 주가가 오르는 쪽에 베팅하는 것이 좋다.

이유를 차근차근 풀어보자.

환율이 상승하면 외국인 투자자들은 한국에 남아 있으려 할까? 떠나려 할까?

한번 생각해보자. 외국인 투자자들이 증시에 들어올 때 환율은 1달러당 1,000원이었다고 치자! 그런데 환율이 상승하면서 1달러당 1,200원으로 급등한 것이다. 그렇게 되면 환율은 20% 상승한 것이다.

만약 외국인은 증시에서 10%의 수익이 났다고 가정하자.

그래서 룰루~랄라~ 차익 실현하고 달러로 환전하려고 보니 내가 원화로 환전했을 때보다 달러가 20% 비싸진 것이다.

그러면 증시 수익률 10% 이익 + (-환차손 20%) = 10% 손해가 된다.

그래서 환율이 빠르게 상승하는 현상이 벌어지면 외국인은 무조건 증시에서 매도하고 도망가려는 경향이 있다.

이를 두고 앞에서 벌고 뒤로 깨진다고 한다.

2) 외국인은 환차손이 무서워~

반대로 원/달러 환율이 하락할 것이라는 전망이 나온다면 원화가 강세가 되기 때문에 외국인 입장에서는 환차익과 증시의 수익을 같이 먹고 싶은 욕심이 생긴다.

그렇게 되면 외국인이 들어오면서 증시가 상승하고 원화 강세는
좀 더 길어진다.

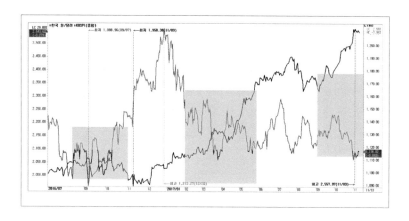

차트의 노랑 박스를 보면 두드러지게 환율과 코스피지수가 반대
로 가는 것을 알 수 있다.

그래서 환율이 하락하는 것을 보면 '외국인들이 들어오겠군.' 하
는 참고사항 하나 정도는 알고 있어야 한다.

코스피 등락률과 외국인 매매를 비교해보면 거의 외국인이 매수
한 날 오르고 매도한 날 하락했다.

밑에 표는 일자별 원/달러 환율 등락을 표시한 것이다.

단위: %,천주,백만원

일자별

일자	종가	전일비	등락률	거래량	거래대금	개인(억)	외국인(억)	기관(억)
17.10.13	2,473.62	▼ 1.14	-0.05%	234,800	6,823,930	-1,134	-358	+577
17.10.12	2,474.76	▲ 16.60	+0.68%	256,211	6,281,852	-547	+2,439	-1,149
17.10.11	2,458.16	▲ 24.35	+1.00%	201,771	6,086,393	+537	+7,006	-2,698
17.10.10	2,433.81	▲ 39.34	+1.64%	221,744	7,507,847	-3,103	+8,176	-2,774
17.09.29	2,394.47	▲ 21.33	+0.90%	184,191	4,667,349	-1,566	+309	+1,398
17.09.28	2,373.14	▲ 0.57	+0.02%	190,736	4,536,118	+1,188	-1,290	+867
17.09.27	2,372.57	▼ 1.75	-0.07%	202,618	4,598,482	+1,658	-2,808	+1,164
17.09.26	2,374.32	▼ 6.08	-0.26%	319,124	5,853,154	-1,578	-3,852	+4,169
17.09.25	2,380.40	▼ 8.31	-0.35%	339,345	4,855,652	+224	-334	+87
17.09.22	2,388.71	▼ 17.79	-0.74%	333,616	6,124,475	+450	+254	-201

출처: 코스피 일자별 매매 현황 http://finance.daum.net/quote/kospi.daum

일자별

날자	매매기준율	전일비	등락률	현찰 사실때	현찰 파실때	송금(전신환) 보내실때	송금(전신환) 받으실때	T/C 사실때	외화수표 파실때	환가료율	미화환산율
17.10.13	1127.50	▼ 6.50	-0.57%	1147.23	1107.77	1138.50	1116.50	1141.03	1115.54	3.0889	1.0000
17.10.12	1134.00	▼ 1.00	-0.09%	1153.84	1114.16	1145.10	1122.90	1147.60	1121.93	3.0889	1.0000
17.10.11	1135.00	- 0.00	0.00%	1154.86	1115.14	1146.10	1123.90	1148.62	1122.93	3.0878	1.0000
17.10.10	1135.00	▼ 11.50	-1.00%	1154.86	1115.14	1146.10	1123.90	1148.62	1122.93	3.0872	1.0000
17.09.29	1146.50	▼ 1.50	-0.13%	1166.56	1126.44	1157.70	1135.30	1160.25	1134.32	3.0850	1.0000
17.09.28	1148.00	▲ 3.50	+0.31%	1168.09	1127.91	1159.20	1136.80	1161.77	1135.82	3.0850	1.0000
17.09.27	1144.50	▲ 5.40	+0.47%	1164.52	1124.48	1155.70	1133.30	1158.23	1132.32	3.0844	1.0000
17.09.26	1139.10	▲ 4.60	+0.41%	1159.03	1119.17	1150.20	1128.00	1152.76	1127.03	3.0867	1.0000
17.09.25	1134.50	- 0.00	0.00%	1154.35	1114.65	1145.60	1123.40	1148.11	1122.43	3.0883	1.0000
17.09.22	1134.50	▲ 0.50	+0.04%	1154.35	1114.65	1145.60	1123.40	1148.11	1122.43	3.0872	1.0000

출처: http://finance.daum.net/exchange

증시의 외국인 매수현황과 비교해서 보면 환율이 하락할 때 외국인은 증시에서 매수했고, 환율이 상승할 때 외국인은 파는 모습을 알 수 있다.

한국 경제가 좋아질 것이라 확신하면 외국인은 투자하기 위해 원화를 사려 할 것이다. 물론 글로벌 경제 환경에 따라 한국경제와 상관없이 환율이 움직이는 상황도 많다.

그렇게 되면 원화 수요가 상승하기 때문에 시장에 원화는 줄어들고 달러는 많아진다.

원화 가치가 상승하는 것이다. 그러므로 환율은 하락할 수밖에 없는 이유이기도 하다.

어느 것(환율, 증시)이 원인이고, 어느 것(환율, 증시)이 결과인지는 모른다.

위의 코스피 외국인 일자별 매매와 원/달러 환율을 비교하면서 자주 봐야 감이 온다.

그리고 그 앞에 환율과 코스피를 비교한 차트도 같이 보면 더욱 좋다.

환율은 투자하는 데 매우 중요한 지표 중 하나이다.

꼭 체크하는 습관을 들여야 한다.

3.
물가와 통화량과 금리의 관계

1) 중앙은행은 통화량으로 시장금리를 조절한다!

금리를 조정하는 방법 중에 중앙은행이 택하는 대표적인 방법은 통화량을 조절하는 방식이다.

한국은행이 돈을 찍어내서 시중에 돈을 많이 풀면 금리가 하락한다.

잘 이해되지 않는 독자들을 위해 쉽게 설명하자면 한국은행이 돈을 푼다는 것은 금융기관에 돈을 많이 보냈다는 것이다.

물론 이자를 받고 보낸다. 그렇게 되면 은행은 돈을 한국은행으로부터 많이 빌려왔기 때문에 영업을 해야 한다. 일단 은행 입장에서는 돈의 공급이 많아진 것이다.

수요 공급법칙에 의해서 수요자는 한정적이었는데 공급이 늘어났기 때문에 금리를 낮춰서라도 대출을 많이 일으킬 수밖에 없다. 은행의 상품은 곧 돈이고, 대출상품으로 포장되기 때문이다.

그렇게 되면 대출금리만 낮아지는 것이 아니라 은행창고에 돈이 많이 쌓였기 때문에 저축을 많이 받을 필요가 없어진다. 그래서 저축금리도 하락한다.

결국 한국은행의 통화량을 축소/확대하는 정책이 시장의 금리를 올렸다가 내렸다가 하는 것이다. 사람들은 돈을 저축하기보다는 물건을 사고 싶은 욕망이 커진다.

반대로 시중에 돈을 빨아들이는 금리 인상을 하면 돈의 가치가 커지기 때문에 저축량이 늘어난다.

2) 돈을 시장에 풀었다 VS 흡수했다 하는 수단 채권!

한국은행에서 금융기관이 보유한 국채나 통화안정채권을 매입하면, 채권은 한국은행으로 들어가고, 대신에 돈은 금융기관으로 간다.

금융기관은 그 돈으로 중앙은행에 돈을 주고도 남는 장사를 해야 하기 때문에 **조달금리 + 은행마진을 포함한 금리로 시장에 대출**을 해준다.

그렇게 되면 시장에 돈이 풀리고 물가는 상승한다.

반대로 한국은행이 금융기관의 채권을 매도하면 채권 매도액만큼 시중에서 돈을 흡수하기 때문에 시중에 자금은 줄어들고 금융기관은 자금 조달을 위해 더 높은 예금금리를 줘야 자금을 유치할 수 있으니 금리가 오르는 상황이 된다.

한국은행은 국채를 매입하거나 매도함으로써 시중에 통화량을 조절한다.

정리하자면 통화량 조절이 물가의 상승과 하락에 영향을 끼치고 이는 다시 금리의 상승과 하락에 영향을 끼친다.

이렇게 되면 투자자들은 돈의 가치가 높아질 것 같으면 예금이나 채권 등에 투자를 할 것이고, 돈의 가치가 물건의 가치보다 하락할 것 같으면 주식이나 부동산 등에 투자를 할 것이다.

이런 논리적 흐름을 알아야만 신문을 보면서 힌트를 얻을 수 있고, 직장에서 힘들게 번 돈이기 때문에 신중하게 투자해야 돈을 잃지 않을 수 있다.

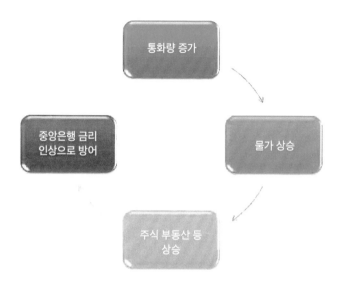

2018년 시장을 움직이는
발단은 '인플레이션이 몇%인가?'이다

1.
미국 연방준비위원회가 물가에
뜨거운 관심을 갖는다?

　직장 생활에서 각자가 맡은 업무를 하다 보면 경제뉴스에 깊이 관심을 갖지 못하는 게 당연한 일이 된다. 경제뉴스에서 가장 많이 다루는 것이 물가인데 이 물가도 금융적인 부분과 연계한 뉴스가 나오면 무슨 말인지 잘 모를 때가 많다.

　그러나 체감할 수 있는 물가가 있다. 마트에서 장을 보면 느껴지는 물가이다.
　내 월급의 상승 속도보다 늘 빠른 장 보기 물가는 매번 월급에 쪼들릴 수밖에 없게 하는 한계를 가져다 주는 것이다.

　이렇게 직장인인 여러분이 장을 보면 허무함이 밀려오게 하는 가격 상승은 앞에서 공부한 채권과 금리 그리고 물가가 다 연계되어 있다는 것을 알아야 한다.

　특히 미국의 연방준비위원회와 관련된 뉴스는 매우 중요하다.
　이유는 물가와 관련된 내용에 대해 연방준비위원회가 현재 물가를 어떻게 바라보고 있고, 어떻게 방향을 정할 것인지가 결정되는 중요한 뉴스가 많기 때문이다.

　재테크를 할 때 꼭 봐야 하는 뉴스임에도 불구하고 고객들과 상담하면서 들은 가장 많은 답변 '봐도 잘 모르겠다'였다.

　그래서 뉴스에 나온 문장을 보면서 쉽게 풀어 보려 한다. 채권 쪽에서 어느 정도 공부를 한 부분이기 때문에 중복되는 부분도 있을 것이다. 한번 비교하면서 보면 도움이 될 것 같다.

　먼저 뉴스를 보면 옐런 의장이 금리를 인상하기 위해 저물가 상

뉴스 정확도 · 최신

옐런 의장 "저물가 탓 연준 신뢰도에 대한 우려있다" 2017.10.21 연합인포맥스
것(뉴욕=연합인포맥스) 이종혁 특파원 = 미국 연방준비제도(Fed·연준)의 재닛 옐런 의장은 지난 2월 이후로 근원 물가가 계속 부진하다며 저물가에 관해서 연준 신뢰도에...

옐런 의장 "저물가 불확실성에도 점진적 금리인상 기조 유지"
2017.09.27 머니S 다음뉴스
실패했다. 올해 역시 목표 달성이 어려울 것으로 점쳐지는 상황이다. 옐런 의장은 "만일 저물가가 지속된다면 금리인상 속도를 늦추겠지만 아직은 재조정할 단계는 아니기...

⌐ 美 옐런 연준 의장 "저물가 흐름에도 금리인상 기... 2017.09.27 파이낸셜투데이
⌐ 옐런 "저물가 지속에도 점진적 금리인상 지속해야" 2017.09.27 아시아경제 다음뉴스
⌐ 옐런 "저물가 불확실성에도 금리인상 기조 유지" 2017.09.27 뉴시스 다음뉴스
관련뉴스 8건 전체보기 〉

옐런 의장 "저물가, 금리인상 늦출 수 있지만 너무 지연도 경계"(상보) 2017.09.27 연합인포맥스
(뉴욕=연합인포맥스) 이종혁 특파원 = 재닛 옐런 미국 연방준비제도(Fed·연준) 의장은 저물가가 지속한다면 금리 인상 속도를 늦출 수 있다면서도, 점진적 금리 인상 기조...

금리 올리긴 올려야 하는데 .. 중앙은행 발목 잡은 저물가
14시간전 중앙일보 다음뉴스
재닛 옐런 미 Fed 의장이 "올해의 낮은 물가상승률은 미스터리"라고 말할 정도다. 막대한 유동성을 거둬들이기 위해 각국 중앙은행은 기준금리 인상과 보유자산 축소 같은...

출처: 다음 검색 '옐런 의장 저물가'

황에 대해 고려하고 있다. 그리고 물가를 주시하겠다는 단어도 많이 보인다. 그러면서도 금리인상 기조는 그대로 가져가겠다는 문장도 보인다.

'물가가 저물가 기조를 계속 유지한다면 금리인상 속도를 느리게 하겠지만⋯. 아직은 조정할 만큼의 수준이라 판단되지는 않는다.' 라는 옐런의 발언이 나왔는데 이는 세 가지 해석이 가능하다.

① 앞으로 물가가 상승할 것이라는 어느 정도의 확신이 있다.
② 앞으로도 지금처럼 금리인상 속도를 유지할 것이라는 점이다.
③ 저물가 상태를 앞으로도 계속 유지한다면 12월 금리인상은 연기될 것이라는 점이다.

여기서 투자의 TIP을 얻어내야 한다. 앞으로 물가가 오르는 현상이 발생한다는 쪽에 옐런 의장은 무게를 두는 것이 아닐까? 그럼 어디에 투자하지? 원자재나 농산물 쪽 가격을 봐야겠는데⋯.

그러나 염두에 둬야 할 것은 또 있다. 지금 저물가인데도 금리인상속도를 계속 유지한다는 것은 물가의 수준을 보고 금리를 올리는 것이 아니라 앞서서 선제적으로 금리를 미리 인상하겠다는 것이므로 달러가치는 앞으로 오르겠다는 것을 예측 해볼 수 있다.

그렇게 되면 통화가치가 오르고 물가는 내리기 때문에 단기적으로는 원자재 가격이 크게 오르지 못하겠다는 것을 알고 있어야 한다.

왜 선제적으로 금리를 올린다고 했을까?

만약 물가 전반이 지속적으로 오르는 인플레이션이 발생하면 과거 몇 년 동안 저물가로 눌려왔던 것들이 스프링처럼 튀어오를 수 있다는 조심스러운 예측들이 나왔기 때문이다.

즉 하이퍼 인플레이션으로 간다면 금리인상 정책만으로 막지 못하는 상황이 될 수 있기 때문이다.

경제 TIP! 하이퍼인플레이션이 뭐지?

하이퍼인플레이션이란?

급격하게 발생한 인플레이션으로 물가 상승 현상이 통제를 벗어난 총 인플레이션 상태를 말한다. 정부나 중은행은행이 통화량을 과도하게 증대하거나 생산량이 소비량을 따라가지 못할 경우 하이퍼 인플레이션이 나타날 수 있다.   출처: 시사경제용어사전

현재 하이퍼 인플레이션으로 고통을 받는 나라가 있다. 짐바브웨다.

'10년 만에 또 2억% 초인플레? 돈찍기 바쁜 그곳'이라는 기사가 중앙일보에 나왔는데 흥미로워서 소개한다.

2억 % 초인플레 또? 종잇장 돈 다시 찍는 짐바브웨

출처: 2017. 10. 21. 중앙일보

짐바브웨라는 아프리카 나라는 매우 가난한 나라다. 대통령은 무가베로 독립영웅이자 현재는 독재자다. 1980년 짐바브웨 독립 이후 건국총리가 되었는데 1897년부터는 대통령으로 30년 넘게 독재를 하고 있다.

제목에서도 알 수 듯이 이전에도 짐바브웨는 한번 하이퍼 인플레이션을 맞은 적이 있다.

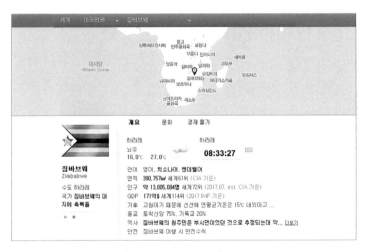

출처: 다음 검색 '짐바브웨'

이유는 무가베 대통령과 영부인의 사치로 돈이 필요하자 마구 찍어냈고, 그로 인해 짐바브웨 달러 가치가 폭락했기 때문이다. 빵을 사기 위해서 수레에 엄청난 돈을 담고 가도 사지 못하는 상황이었다.

그래서 짐바브웨는 자국통화를 포기하며, 미국달러를 공식화폐로 채택했고, 현재는 8개국의 화폐가 법정통화로 통용되고 있다. 그런데 외환이 바닥나자 정부는 돈을 찍었는데, 짐바브웨 달러면 사람들이 신뢰하지 않을 것이니 본드노트라는 것을 찍어낸다.

이 또한 무가베 대통령의 탐욕으로 신뢰를 잃었다는 내용이다.

정리하자면 중앙은행의 통제되지 않는 머니 프린팅은 돈 가치를 휴지로 만들고 상대적으로 물건가격은 천정부지로 올린다는 것이다. 즉, 경제를 망가뜨린다는 것이다.

다시 돌아가서 옐런이 이런 사태가 올 것이라 예상하는 것은 아니다. 하지만 금융위기 이후 저금리 기조에 돈도 많이 풀었으니 물가가 인상되어야 하는데 오래도록 그러지 않았다는 부분이 앞으로 인플레이션이 상승하면 컨트롤 못 할 정도로 오를 수 있다는 가정 하에 정책을 펴겠다는 것이다.

인플레이션은 컨트롤 할 수 있느냐? 그렇지 않느냐가 정책 시행 시 매우 중요한 관건이기 때문에 현재 경제여건이 좋다고 평가될 때 최대한 금리를 올려놔야 나중에 인플레이션을 컨트롤할 수 있다는 계산도 깔려있다.

1) 옐런 의장의 구체적인 발언을 통해 인플레이션에 대해 좀 더 공부해보자!

앞에서 배운 것처럼 옐런 의장이 물가상승에 대한 확신이 있기 때문에 시장 전문가들의 입에서 인플레이션 상승 전망이 나오기 시작했다. 내년에는 금융위기부터 현재까지 끌고 온 저물가 기조가 종료되고 전환되는 시기라 판단되는 근거를 옐런 의장의 발언을 구체적으로 분석하면서 재테크의 기준을 마련하는 것이 매우 중요하다.

"인플레이션 서프라이즈에 대비할 것"
한경비즈니스 2017.10.31. 네이버뉴스
[머니인사이트] 뉴욕 현지 이코노미스트·트레이더들의 목소리…주식시장, 내년까지 견조한 성장세 (사진)미국 월스트리트 뉴욕증권거래소 / 사진=한국경제신문 [한경비즈니스=신동준 미래에셋대우 운용전략실장]필자는...

옐런 "인플레이션 곧 시작될 것" 헤럴드경제 9면1단 2017.10.16. 네이버뉴스
의장이 인플레이션(물가상승률) 전망을 낙관하면서, 연내 추가 금리인상을 시사했다. 15일(현지시간) AP통신... 밑도는 인플레이션이 지속되는 것에 놀랐다"면서도 "휴대전화 서비스 가격 하락과 같은 일시적 요인의...

미국 연준 베이지북 "인플레이션 위협 없어" 한국스포츠경제 2017.10.19.
[한스경제 김지호] 미국 경제가 허리케인에 따른 타격에도 불구, 노동시장의 호조 등에 힘입어 완만한 속도로 성장하고 있으며, 인플레이션 위험은 없었다고 미 중앙은행인 연방준비제도(Fed · 연준)가 18일(현지시간)...

"올 3분기 베트남 경제성장률 7년래 최고 수준 전망, 인플레이션 우려도"
아시아투데이 2017.10.16.
그러나 경제 성장률의 증가와 동시에 인플레이션에 대한 우려도 지적된다. 싱크탱크인... 추가 인플레이션이 나타날 수 있다고 분석했다. 이에 따라 정부의 계획된 경제성장률을 달성하기 위해서는 4분기에...

출처: 네이버 검색 '인플레이션'

내년 재테크에서 중요한 포인트는 기사에서도 나오지만 인플레이션 상승에 대한 전망이 많다는 것이다.

특히 경제와 관련해서 가장 영향력이 있는 연준의장 자넷 옐런은 10월 15일 워싱턴 DC에서 열린 국제은행 연례 세미나에서 "올해 연준 목표치(2%)를 밑도는 인플레이션이 지속되는 것에 놀랐다."며 "휴대전화 서비스 가격 하락과 같은 일시적 요인의 영향이 사라지면 인플레이션이 시작될 것."이라는 전망을 했다.

물가 상승률 전망에 대한 근거는 또 있다. 바로 실업률이다. (옐런 의장 취임 후 금리인상의 기준으로 삼은 지표는 물가상승률과 실업률 두 가지이다)

참고로 옐런 의장은 연준 이사 시절에 노동 관련 전문가였기 때문에 실업률과 관련해서는 상당한 안목이 있는 것으로 평가되고 있다.

미국의 실업률은 현재 4.2%로 매우 낮은 상황이다.

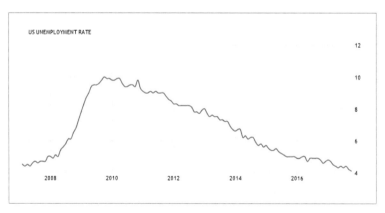

출처: Tradingeconomics.com 〈미국 실업률 추이〉

미국은 금융위기 이후 한때 실업률이 10%나 되었고, 그 이후 양적 완화라는 정책을 실행하면서 기업들의 자금 조달 금리가 내려가자 실업률은 하락하는 상황이 되었다.

기업들이 필요한 자금을 대출하는 데 금리가 낮다면 더 많이 대출할 것이고, 이 돈으로 설비투자와 고용을 확대하는 것은 당연한 것이다. 그래서 실업률은 꾸준히 하락하는 모습을 볼 수 있다. 지금은 금융위기 이전 최고의 수준까지 내려와 있는 상황이다.

2) 실업률과 물가는 무슨 관계가 있나?

실업률이 내린다는 것은 경제에 좋은 일이다. 일자리를 잃은 사람들이 줄어든다는 것은 결국 기업 입장에서도 소비가 늘어나기 때문에 이는 물가를 올리는 효과가 있을 것이다.

반대로 실업률이 오르면 소비가 위축될 것이고, 이는 물가를 내리는 효과가 있을 것이다.

실업률과 물가의 관계에서 중간에 첨가제 같은 역할을 하는 것이 있다. 임금상승률이다.

이를 좀 더 구체적으로 연결고리로 엮어 설명해보자!

경기가 침체되면 공장이 문을 닫는 경우가 많을 것이다. 2015년 조선업이 힘들었을 때를 생각해보라. 개도 만 원짜리를 물고 다닌다던 거제도는 구조조정 여파로 초상집 분위기였다.

공장이 문을 닫았으니 노동 수요가 줄어들었기 때문에 실업률은 올라간다. 그나마 살아남은 기업은 직원들의 월급을 줄인다. 허리띠를 같이 졸라매자는 것이다.

임금을 축소하는 노동자가 많아지고, 구조조정으로 실업률이 증가하면 기업의 제품을 소비해줄 소비자가 줄어든다. 한 명의 가장이 실직할 경우 4인 가족이 소비를 줄이는 상황이 된다고 치면 100만 명이 실업자라고 치면 400만 명의 소비자를 잃는 경우가 된다.

그러므로 기업은 만들어 놓은 재고를 창고에 쌓아둘 수밖에 없다. 공급과잉이 발생한 것이다. 결국 기업의 사장은 반덤핑 세일을 할 수밖에 없고, 시장의 물건 가격은 대체적으로 싸질 수밖에 없다. 결국 물가는 하락한다.

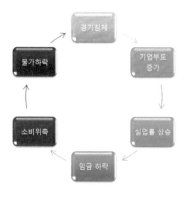

반대로 경기가 살아난다고 가정하자. 그렇게 되면 공장은 설비투

자를 확대할 것이고, 각 설비에 필요한 인력 수요는 더욱 증가할 것이다. 물건을 많이 만들어야 하기 때문이다.

노동 수요는 증가할 것이고, 시장에 필요한 노동자는 계속 취직이 되면서 줄어든다.

그러면서 노동자는 일자리가 풍부해져 갈 데가 많아지고, 이때 기업들은 자기네 회사로 오라며 다른 회사보다 좀 더 높은 임금을 주겠다고 한다.

이제는 노동시장에서 노동자가 갑이 되는 것이다. 그렇게 되면 취직하여 일하던 노동자도 더 좋은 임금을 주는 회사로 이직하는 일이 많이 벌어질 것이기 때문에 회사 사장은 임금을 올려서 직원을 잡아야 하는 상황이 벌어진다.

전반적인 임금상승이 일어날 것이고, 실업률은 계속 떨어질 수밖에 없다.

이때 소비는 실업률 하락과 임금상승 효과로 인해 증가하며, 기업은 재고 부족으로 물건가격을 올릴 것이다. 물가상승이다.

위 이론을 필립스곡선이론이라 한다.

경제용어 TIP! 필립스곡선이론

영국의 경제학자인 필립스(Alban William Pillips)가 1958년에 영국의 경제학술지인 Economica에 발표한 논문에서 1861년에서 1957년 사이의 영국의 자료를 분석한 결과 명목임금상승율과 실업률 간에 역(-)의 상관관계가 있음을 발견하였다.

즉 실업률이 낮은 해에는 임금상승율이 높고, 실업률이 높은 해에는 임금상승율이 낮다는 사실을 밝혔다. 1960년대에 들어 립시 등의 여러 학자들이 각국의 자료를 분석한 결과 등에서도 둘의 관계가 안정적인 역의 관계임을 확인하였고, 새뮤얼슨과 솔로우의 연구를 통해 인플레이션과 실업 사이에서도 역의 관계가 성립함을 발견하였다.

출처: 위키백과

다시 앞으로 돌아가서 현재 미국의 실업률은 4.2%까지 하락한 상황이다. 그래서 임금이 오르고 있는지 확인할 필요가 있다.

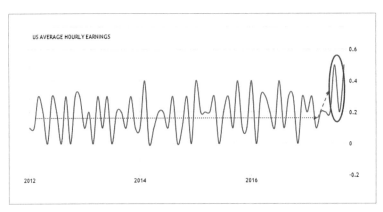

출처: https://tradingeconomics.com

이 차트는 미국의 시간당 평균임금을 나타낸 것이다. 5년간 계속 횡보하는 모습을 보이다가 살짝 우상향하는 모습을 볼 수 있다.

이런 모습은 앞으로 물가가 상승할 것이라는 기대를 갖게 하는 것이다.

그러나 아직은 미국의 근원 물가 상승률은 상승하지 못하고 있다. 옐런 의장은 이 부분에 대해서 앞으로 오를 것이라는 희망에 무게를 두는 것으로 보인다.

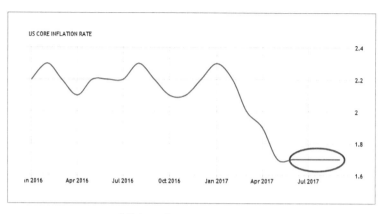

출처: https://tradingeconomics.com

위 차트는 근원 물가 상승률을 나타내는 것이다.

그냥 물가 상승률은 알겠는데 근원 물가 상승률은 뭐냐?라고 궁금하실 수 있을 텐데….

경제용어 TIP! 근원물가상승률

물가상승률을 측정하는 품목 중에 농산물과 석유류 등 일시적인 외부충격에 의해 물가변동이 심한 품목을 제외한 장기적이고 기초적인 물가를 말한다. 여기서 말하는 일시적인 외부충격이란 장마나 가뭄과 같은 계절적인 영향이나 석유가격 등의 물가 변동분을 말하는 것이다. 이런 근원물가변동을 나타내는 지표를 근원물가지수라고 한다.

출처: KOTRA 해외투자 용어사전

정리하자면 다음과 같다.

 이런 부분에 대한 기대감으로 원자재 중 오르지 않았던 부분과
농산물에 투자하는 것이 앞으로 수익을 내는 데 좋을 것이라는 판
단이 들었다.

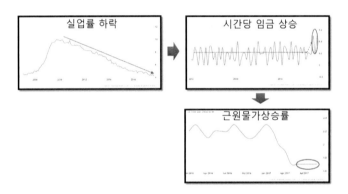

출처: https://tradingeconomics.com

 이 차트가 어떻게 움직이는지를 앞으로 지켜보자!
 재테크에 도움을 줄 수 있으니…
 아! 참고로 왜 자꾸 미국 지표만 가지고 얘길 하냐?라고 할 수 있
는데 우리가 펀드에 투자한다는 것은 우리나라 상황보다 미국의

상황이 더욱 중요하기 때문이다. 결국 한국의 경제와 금융도 모두 미국의 영향을 받기 때문이다.

그렇기 때문에 재테크를 좀 안다는 사람들은 미국의 상황을 예의 주시할 수밖에 없다.

미국의 상황을 보고 '한국은 이렇게 되겠군.' 해야 한국에서 뭘 투자하면 좋을지가 나오는 것이지, 만약 '한국에서 이런 인기 있는 투자상품이 있습니다. 한국에서 대박이 났어요.'라고 한다면 이미 투자하기에는 늦은 것 아니겠는가?

미국과 유럽, 일본과 중국 등 큰 시장이 있고, 대규모 경제를 가지고 있는 나라들을 지켜보면서 어떤 액션을 취하는지를 보는 것이 시장을 보는 눈을 기르는 것이고, 그게 재테크의 전부라고 해도 과언이 아닐 것이다.

재테크 실전 TIP!
2018년 관심 가져야 할 펀드는?

1.
금융위기 이후 최전성기였던 하이일드 채권,
이제는 버블이다?

1) 브라질 국채의 엄청난 변동성 롤러코스트?

2012년 브라질 국채는 M증권사에서 밀면서 상당한 붐이 일었다. 표면이율이 10%였고, 비과세였기 때문이다. 그리고 붐이 일고 난 1년 후 부터 채권가격이 하락하더니 2016년 반 토막이 되었고, 거래되는 수익률은 16%를 넘었다. 브라질이 부도가 나는 게 아니냐 걱정하는 말도 많았다.

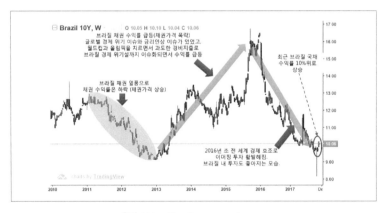

출처: https://tradingeconomics.com

2016년부터 글로벌 경제 호조에 대한 분위기가 일어나면서 이머징 마켓의 투자가 활발해졌고, 그중 가장 값이 싼 국채인 브라질 국채는 매력적일 수밖에 없었다.

2016년도에 브라질 국채를 샀다면 2017년 11월 현재 매매차익도 엄청났을 것이다.

그러나 최근 미국의 채권 수익률이 상승하면서 이머징 마켓의 채권 수익률도 오르는 모습을 보이고 있다.

여기에 브라질 국채도 2017년 10월 말 발행금리보다 낮은 9.95%를 기록하다가 11월들어 10%대를 넘는 모습을 보이고 있다. 10%를 다시 넘어섰다는 것은 의미가 있는 순간일 수 있다. 지금 매매차익을 크게 본 투자자라면 이제 매도해서 이익실현을 할까? 하는 고민을 할 수밖에 없는 타이밍이기 때문이다. 내년 금리인상의 속도가 빨라진다면 브라질 국채를 매도하는 투자자들이 많을 것이고, 다시 국채수익률은 상승할 가능성이 크기 때문에 이 또한 관전해야 할 재미있는 부분이다.

어쨌든 인기 있었던 브라질 국채는 10년 만기 상품이라 2012년도 붐이 한참일 때 산 사람들은 2022년이 되면 만기가 된다. 중간에 겁이 나서 매도한 사람도 있지만 꽤나 많은 투자자들이 유지하는 것으로 알고 있다. 앞으로도 차트의 롤러코스터가 몇 번 더 있을지 모른다. 브라질만 망하지 않는다면 이자와 원금을 받겠지만, 만기가 되기 전 중간에 가슴 철렁일 일이 또 있을 가능성이 높다.

이렇게 하이일드 채권은 신용등급이 낮은 국가나 회사가 발행한 채권을 말하는데 하이일드(High yield)의 해석 그대로 고수익이라는 뜻이다.

고수익은 곧 고위험이라는 말은 누구나 알 듯이 신용등급이 낮기 때문에 앞에서 배운 채권의 위험 중 가장 무서운 원리금 상환이 제대로 이뤄지지 않을 수 있다. 대표적인 예로 러시아와 아르헨티나의 모라토리엄(채무 지불 유예) 선언이다.

재테크 상식 TIP! 채권의 신용등급을 먼저 알아야 한다.

정상채권과 부실채권의 중간에 위치한 신용등급 BB+ 이하의 채권을 말한다. 정크본드(쓰레기 채권)라고도 한다. 무디스 평가기준으로 'Ba1' 이하, 스탠더드앤드푸어스(S&P) 평가기준으로 'BB' 이하인 채권이 이에 속한다. BBB 이상의 채권을 투자적격 등급이라 하고, BB등급부터 그 이하를 투자부적격 등급 또는 투기등급이라 한다. 그래서 BB 이하의 등급은 금리가 높다.

부실채권은 소위 NPL이라고 하는데 채무불이행이 실행된 채권을 말한다. 하이일드보다 좀 더 낮은 등급이다.

2) 2017년 11월 지금 하이일드 채권투자는 적절한가?

채권에 대해서 쭉 공부하면서 신문기사를 해석하는 부분을 잘 이해했다면 정답은 나왔을 것이다. 이유는 이제 미국채와 글로벌 국채들의 금리가 오르기 시작했다는 것이다. (현재 이 책을 쓰고 있는 시기는 2017년 10월과 11월이다)

그리고 국채금리가 상승하면 회사채까지 장기적으로 따라 오르는 경향이 있다. 그렇기 때문에 채권가격은 반대로 하락할 것이다. 08년 금융위기 이후 중앙은행이 계속해서 돈을 풀 때 그 수단으로 채권을 샀다. 국채만 산 것이 아니라 회사채도 샀다.

그렇기 때문에 채권은 아무거나 사도 올랐다. 그렇게 10년 가까이 된 것이다. 이제 미국 연준과 유럽ECB, 영국BOE는 금리를 인상하기 시작했고, 시장은 그에 반응하고 있다.

시장의 해석은 두 가지로 나뉜다.

필자처럼 이제는 시장이 좀 어려워질 수 있다는 곰(Bear)들의 해석이다.

반대로 황소(Bull)들은 지금 글로벌 경제가 좋으니 기업의 설비투자는 더욱 늘어날 것이라 전망한다.

그래서 설비투자를 늘리려면 돈이 필요하니 자금조달을 더 할 것이기 때문에 금리가 올라가는 것은 정상적이며 좋은 현상이라는 해석이다.

황소들은 주가는 내년에도 쭉~ 좋을 것이라 하고 있다.

곰들의 입장은 하이일드채권이 너무 비싸졌다는 것이다.

2008년에 비해서 정말 주식만큼 대박이 난 것이 하이일드 채권이다. 그만큼 거품이 많다는 것이다. 그 근거를 보여주는 차트를 보자.

꼭 알아둬야 하는 차트.(주소를 쳐서 즐겨찾기 해놓으면 좋다)

먼저 이런 차트를 보면 긴장부터 하게 되고 영어까지 있으면 보기가 싫어진다. 하지만 돈 버는 일인데 좀 참고 이해하려 들면 아무것도 아니다.

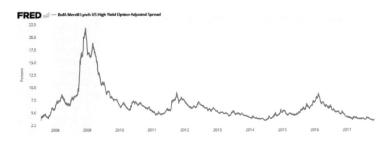

출처: FRED 사이트 https://fred.stlouisfed.org/

차트는 오르는지 내리는지만 보면 되고, 오르면 어떤 의미가 있고, 내리면 어떤 의미가 있는지만 알면 된다.

차트의 회색 막대는 금융위기 시기를 나타낸다.

이 차트의 의미는 미국의 10년물 국채금리와 동일 만기 하이일드 채권의 금리 차이를 날짜별로 나타낸 차트다.

즉, 美 10년물 국채금리 - 하이일드 채권 금리 = 하이일드 채권 스프레드다.

만약 이 차트의 그래프가 하방으로 움직이면 미국 10년물 국채금리와 하이일드 채권 금리의 차가 좁혀지고 있다는 의미이며 미 국채금리보다 더 하이일드 채권금리가 하락한다는 의미이다. 이는 반대로 하이일드 채권 가격이 10년물 국채의 가격보다 더 빨리 오르고 있다는 의미이다.

회색 막대표시구간을 보면 하이일드 채권 스프레드가 22%까지 벌어지는 것을 알 수 있다.

이 얘기는 미국채와 하이일드 채권의 금리차가 22%나 났었다는 것이다. 즉 하이일드 채권 가격이 미국채보다 더 크게 폭락했음을 의미하며 이때 하이일드 채권들은 부도율이 높았다는 것을 알 수 있다.

그런데 지금은 어떤가? 스프레드가 2~3%선에서 움직이고 있다. 이 의미는 하이일드 채권이 10년 내 최고가격에 도달하고 있다는 것을 알 수 있다.

회색 막대선 이전 07년도 버블이 한창이던 시절 2.5%였는데 그 구간에 다다르고 있다는 것이다. 그래서 하이일드 채권은 버블이라는 해석도 많이 나오고 있다.

결론적으로 하이일드 채권의 스프레드를 보면 하이일드 채권의 가격이 얼마나 높은지를 알 수 있고, 이렇게 높을 때 하이일드 채권에 투자하는 것은 매우 비싸게 주고 사는 것이기 때문에 하이일드 채권 가격 하락 시(즉, 하이일드 채권 스프레드가 상승 시) 큰 충격을 받을 수 있다는 것이다.

그리고 이 차트가 중요한 것은 그래프가 상승한다면 하이일드 채권의 가격이 하락하는 것을 의미한다고 언급했다. 이 그래프가 상승하는 것에 대한 또 다른 의미는 급하게 상승할수록 미국 BB 등급 이하의 회사 부도율이 높아질 것이라는 것이다. 그렇기 때문에 이는 미국의 증시와도 연관이 있다고 볼 수 있다.

그래서 이 차트를 위험 신호를 알 수 있는 카나리아로 자주 참고하는 차트이다.

(1) 언제 하이일드 채권에 투자했을 때 가장 큰 수익을 걷을 수 있을까?

2017년 10월 경제신문에는 오히려 이렇게 금리를 인상할 때 하이일드 채권에 투자하는 것이 효율적이라는 뉴스가 많이 나온다.

올해 1조원 몰린 '글로벌하이일드채권펀드', 투자매력 '만발'
2017.10.27 데일리안 다음뉴스
전형민 기자 신용도가 낮은 기업이 발행하는 고위험 고수익 하이일드 채권에 투자하는 '글로벌 하이일드채권펀드'에 올 한해에만 1조원이 넘는 자금이 몰렸다. 하반기...

분산투자의 힘., 올 1조 몰린 'AB운용 하이일드펀드' 13시간전 서울경제 다음뉴스
몰리고 있다. 하이일드펀드는 투기 등급기업이 발행하는 '고위험·고수익' 하이일드채권에 투자하는 펀드다. 신용도는 낮지만 경기가 살아나면서 채권의 부도위험이 낮아...

관련뉴스 1건 전체보기 >

'하이일드 채권' 쓸어담는 기관 2017.10.10 한국경제 다음뉴스
[이태호 기자] 국내 기관투자가들이 국내 고위험 고수익(하이일드) 채권을 공격적으로 사들이고 있는 것으로 나타났다. 채권 가격과 반대로 움직이는 시장금리가 올 들어...

1兆 몰린 '글로벌 하이일드채권펀드' 2017.09.26 조선비즈 다음뉴스
국내에서 판매하는 '글로벌하이일드채권펀드'에 올 들어 1조 가까이 몰린 것으로 나타났다. 글로벌하이일드펀드는 신용도가 낮은(투기 등급) 기업이 발행하는 '고위험...

출처: 다음 검색 '하이일드채권'

그 이유로 채권가격에 의한 매매차익을 기대하는 투자적격 등급의 국채나 회사채는 금리가 오르면 가격은 빠지기 때문에 위험하고, 만기까지 유지를 하더라도 금리가 낮아서 이자수익을 기대할 만한 재미가 없다는 것이다.

그러나 하이일드 채권은 이미 고금리이기 때문에 금리가 오르더라도 팔지 않고 만기까지 유지하면 고금리의 이자와 원금을 받을 수 있으니 금리상승기에 효율적인 투자라는 것이다.

이건 지금 글로벌 시장이 어떤지 잘 파악하지 않고, 그저 상품의 기능만 가지고 논리를 편 것이다.

08년 금융위기 이전에 하이일드 채권 스프레드가 2.5%까지 내려간 것은 시장의 과열로 인해 버블이 일어나면서 스프레드가 축소되었지만, 금융위기 이후에는 채권을 중앙은행이 매수하면서 투자자들에게는 국채보다 더 위험한 채권을 사도 안전하다는 심리에서 회사채를 샀고, 그중 하이일드 채권들도 산 것이다. 이렇게 중앙은행이 시장에 채권을 사는 행위는 양적 완화의 수단이었다고 앞에서 배웠다.

그래서 안심하고 투자자들은 하이일드 채권을 편하게 살 수 있었던 것이다. 그러나 지금 상황은 중앙은행이 다시 채권을 시장에 팔고 돈을 흡수하는 계획을 세웠다.

양적 완화 하느라 시장에 돈을 풀고, 연방은행 금고에 채권증서를 쌓아 놨던 것을 이제는 반대로 채권을 시장에 풀고 연방은행 금고에 현금을 쌓겠다는 상황이다. 당연히 유럽과 선진국 및 이머징 중앙은행들은 미국을 따라가는 분위기다.

물론 연방은행은 하이일드 채권을 사지 않았다.
하지만 연방은행이 국채를 사들이자 채권시장의 따뜻한 봄을 감지한 시장투자자들은 좀 더 위험한 채권을 사들였듯이 반대로 연방은행이 국채 만기 시 재투자하지 않고 현금을 회수한다면 위험한 채권부터 가격이 하락할 수 있다.

쉽게 말해 금융위기 당시 망한 사람들은 대부분 돈 없는 서민들이었다. 부자들은 큰 손해가 없었다.

경제가 어려워지면 부자들부터 어려워지는 것이 아니라 신용이 낮은 서민부터 어려워지는 것이다. 채권시장도 같은 원리다.

경제가 버블상태라고 가정한다면 그 버블이 터졌을 때 우량한 국채부터 망하겠는가? 신용등급이 낮아서 고금리를 주는 하이일드 채권부터 망하겠는가?

상식적으로 생각해도 답은 뻔한 것 아니겠는가?

대부업체에서 대출받을 수밖에 없는 사람들이 높은 이자를 감당 못해서 파산하는 게 당연한 것 아니겠는가?

부자가 끝판 왕이지 가난한 사람이 끝판 왕이 아니기 때문에 가난한 사람부터 깨지고, 결국 나중에 금융위기가 심각해졌을 때 부자에게도 타격이 가는 것이다.

출처: FRED 사이트

그렇기 때문에 하이일드 채권 스프레드가 급하게 상승하여 채권 가격에 타격이 있고, 하이일드 채권가격도 급락하는 매우 위험해 진 상황, 즉 스프레드가 금융위기 시까지는 모르겠지만, 지금보다 현저히 높아진 시점에 저렴한 가격으로 투자하는 것이 적절한 타 이밍이라고 본다.

하이일드 채권이 저렴한 가격이라 판단하는 조건에는 상당한 충 격 후에 다시 경기가 살아날 것이라는 기대감과 정부의 정책이 강 력하게 시장에 반영될 때이다.

(2) 인플레이션 상승 기대가 있을 때 투자하기 좋은 펀드는 어떤 것이 있을까?

출처: 네이버 검색 '원자재펀드'

네이버에 원자재펀드로 검색하면 이런 뉴스가 나온다. 금속과 관련된 원자재펀드는 수익률이 높았고, 금속 이외의 원자재와 농산물 관련 펀드는 실적이 나빴다는 것이다.

선택	펀드명	수익률 (%)		
		1개월	3개월	1년
☐	**슈로더이머징원자재증권자투자신탁A(주식)종류F** 설정일 2008.10.31 유형 해외주식형>글로벌신흥국주식 설정액 **31억원** 운용사 슈로더투자신탁운용 선취수수료 없음 총보수 **1.0300%**	4.24%	8.03%	**26.18%**
☐	**삼성KODEX구리선물(H)특별자산상장지수투자신탁[구리-파생..** 설정일 2011.03.11 유형 커머더티형>커머더티 설정액 **80억원** 운용사 삼성자산운용 선취수수료 없음 총보수 **0.6800%**	3.80%	4.05%	**25.08%**
☐	**슈로더이머징원자재증권자투자신탁A(주식)종류A** 설정일 2008.04.08 유형 해외주식형>글로벌신흥국주식 설정액 **46억원** 운용사 슈로더투자신탁운용 선취수수료 **1.20%** 총보수 **2.0800%**	4.15%	7.75%	**24.89%**
☐	**블랙록칠드광업주증권자투자신탁(주식-재간접형)(H)(C-w)** 설정일 2010.06.03 유형 해외주식형>기초소재섹터 설정액 **56억원** 운용사 블랙록자산운용 선취수수료 없음 총보수 **0.5850%**	6.13%	6.86%	**23.59%**
☐	**미래에셋TIGER금속선물특별자산상장지수투자신탁[금속-파..** 설정일 2011.04.07 유형 커머더티형>커머더티 설정액 **60억원** 운용사 미래에셋자산운용 선취수수료 없음 총보수 **0.7000%**	3.29%	4.79%	**22.37%**

출처: http://info.finance.naver.com

실제로 네이버에서 원자재펀드의 수익률을 검색하면 펀드 이름에 금속이라는 단어와 구리가 들어가 있는 펀드는 1년 수익률이 30%에 육박하는 것을 볼 수 있다.

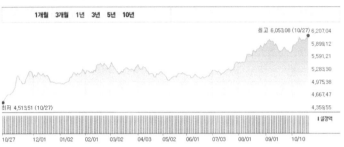

출처: http://info.finance.naver.com

　　미래에셋TIGER금속선물특별자산상장지수투자신탁[금속·파생형]을 클릭 후 들어가면 1년간 기준가가 상당히 많이 오른 것을 알 수 있다. 1년 전 4513.51이 기준가였다면 지금은 6053.08이 기준가가 되었다는 것이다. 금속가격이 오르면서 기준가를 30% 이상 올렸다는 것이다. 이를 수익률로 그대로 반영하여 34%대 수익이 된 것이다.

　　이 펀드의 특징은 이름에서도 알 수 있는데 미래에셋 자산운용이 이 펀드를 운용하고, TIGER는 미래에셋에서 운용하는 상장지수의 이름 중 하나이다. 이름을 보면 어디에 투자를 하는지도 알 수 있다. 금속 선물시장이다.

　　여기서 특별자산이 궁금할 텐데⋯.
　　특별자산펀드는 펀드 재산의 50% 이상을 유전, 광산, 지하철, 선박 등 실물에 투자하는 펀드를 말한다. 일정 기간 환매를 금지하는 폐쇄형이 대부분이다.

출처: 한경 경제용어사전 특별자산펀드 참고

(3) 금속에 투자하는 펀드, 그중 구리에 투자한 펀드가 오른 이유가 뭘까?

미래에셋TIGER금속선물특별자산상장지수투자신탁[금속-파생형] 펀드도 구리 비중이 상당히 높았다. 구리의 속성을 알면 되는데….

구리는 닥터 카퍼(Dr. Copper)라고 한다. 경제전문가들보다 구리 가격이 더 경제를 잘 알고 있기 때문이다.

이유는 간단하다. 예를 들어보자. 개발도상국이 개발을 하면서 발전을 해나가고 있다. 여기저기 토목공사를 하며 도로와 항만 등을 깔고 공장도 세울 것이다. 이런 것을 하는 데 가장 중요한 것이 구리이다. 이런 공사를 하려면 전기가 필요하고 전기가 없는 곳에는 전신주를 설치해야 한다.

전선에는 구리가 들어가 있고, 이런 전기선은 이 개발도상국 전체에 설치되어 있어야 공사를 할 수 있다. 이렇기 때문에 구리에 대한 수요측정만으로도 경제가 활성화되고 있는지 아니면 침체되고 있는지를 알 수 있는 척도로 본 것이다.

그리고 많은 산업의 재료로도 구리는 중요하게 쓰인다.

그러므로 전 세계에서 구리 수요가 증가하면 앞으로 경제가 좋아질 것이라는 예측을 할 수 있다.

그래서 경제지표들이 좋게 나오면 투자자들은 구릿값이 오를 것이라는 기대감으로 구리에 투자하는 것이다.

투자포인트는 경제지표와 구리의 관계는 정(+)의 관계이자 구리가 선행한다.

세계 경제가 좋아지고 있다면 구리 가격이 먼저 오르고, 세계 경제가 침체하면 구리 가격이 먼저 하락하는 선행의 성격도 가지고 있다. 즉 구리가 경기의 선행지표다.

다만 요즘 전문가들의 리포트에는 꼭 구리가 경제의 상태를 잘 맞추는 것은 아니라고 보는 시각도 꽤 있다. 구릿값이 떨어지더라도 경기가 침체하지 않은 상황이 2011년도에 있었고, 그 전에도 있었기 때문이다.

하지만 투자에서는 기본적인 기준이기 때문에 이런 관계를 알고 나서 그렇지 않았을 때도 있었다는 변수들을 아는 것이 중요하다. 왜냐하면 시장이 비정상적일 때는 변수가 지배하기 때문에 좀 다를 수 있지만 결국 정상적인 상황이 되면 이런 기본적인 관계가 시장에 반영하는 경우가 많았기 때문이다.

출처: https://kr.investing.com/

차트를 보면서 설명하자면 2011년 이후 구리 가격이 54%까지 하락하는 동안 경기가 침체에 빠졌다는 전문가들보다 그렇지 않다고 말하는 전문가들이 훨씬 많았다.

증시가 계속 오르는 상황을 보면서 시장의 부정적인 면을 말하는 사람은 많지 않다.

2015년 5월 이후 구리 가격은 꾸준히 상승하는 모습을 보이면서 전문가들의 긍정적인 의견과 동조하는 모습을 보였다. 이 부분은 구리가 후행하는 모습을 보였다고 할 수 있는 변수 중에 하나다.

경제지표가 좋아지면서 구리 투자자들의 심리가 긍정적 변화되면서 투자가 급증한 것이다.

구리 가격이 그 시기의 경제 상황을 정확하게 반영하는 것은 아니다. 경제를 선행한다는 이론적인 측면을 고집해도 안 되지만 그렇다고 맞지 않다고 포기할 부분도 아니다. 구리가 경제를 선행할지 후행할지 모르겠지만 일단 구리는 경제를 상방 또는 하방으로 가리키고 있다는 부분을 참고할 필요는 있다. 특히 구리가 상승할 때 경제가 앞으로 좋아질 것이라는 기대감은 시장 투자자들에게는 여전히 긍정적 심리로 작용하기 때문에 투자할 때 꼭 봐야 하는 원자재 중 하나인 것은 확실하다.

차트에서는 구리 가격이 2015년부터 2016년까지 바닥을 다지다가 상승하는 모습을 볼 수 있다. 2.0에서 3.1까지 가격이 뛰는데 상당히 급등했다. 내년 경제전망을 Dr. Copper인 구리로 예측해보는 것도 좋을 듯하다.

정리하자면, 금속에 투자한 펀드들의 수익률이 과거에 좋았으나 최근 하락세를 이어가고 있다.
이유는 정점을 찍고 하락하는 것이 아니냐?라는 질문들이 나오고 있기 때문이다.
그래서 인플레이션이 상승하더라도 금속가격의 상승은 제한적일 수 밖에 없다. 이제는 금속관련 펀드를 팔아서 차익실현을 고려할 때이지 더 매수해서 가격이 오를 거란 기대를 할 때는 아니라는 뜻이다.

나는 지금 원자재 중 가격이 싼 걸 골라야 한다고 생각한다. 그러므로 인플레이션을 고려하되 싼 원자재가 뭐가 있는지를 찾아내는 게 매우 중요한 투자의 기준이 될 것이다.

이유는 인플레이션상승으로 수익을 낼 때도 매력적일 수 있겠지만 하락 시에는 이미 가격이 많이 내려가 있는 상태라 덜 하락할 수 있기 때문이다.

금속은 저물가가 지속되는 상황에서 경제지표까지 나빠진다면 훨씬 크게 하락할 가능성을 내포하고 있기 때문에, 위험하다는 것을 명심할 필요가 있다.

2.
2018년에 투자할 만한 원자재 펀드는
무엇인가?

1) 농산물은 아직 싸다

지금 2017년 10월 말에 적립식으로 투자를 한다면 농산물을 사
겠다.

앞으로 1~2년 바라본다면 지금 수익률이 나쁘다는 것은 아직 싸
다는 것이고, 물가가 앞으로 상승하려면 농산물가격이 올라야 하
기 때문에 미리 쌀 때 많이 사둬야 하는 것이 아닌가? 하는 계산에
서이다.

금·비철금속 등 원자재펀드 다 뜨는데··· 농산물 펀드 수익률은 '마이너스'
한국경제 📄A21면1단 2017.09.11. 네이버뉴스 ☐
올 하반기 들어 미국 달러 약세와 중국 경기 호조로 금 은동(구리) 등 '원자재 멀리'(가격 상
승)가 이어지고 있지만 **국제 곡물 가격**만 유독 약세를 면치 못하고 있어서다. 11일 펀드 평
가사 에프앤가이드에···

출처: 네이버 검색 '국제곡물가격'

이 기사를 보면 국제곡물가격차트가 하락하고 있는 것을 알 수
있다. 그 이유로 미국과 유럽등 농산물 생산지의 온화한 기후로 곡

물재고가 증가한 것이 큰 원인이라고 한다.

농산물이 급등하거나 급락하는 이유 중 가장 많이 나오는 요소가 기후이다. 그중 농산물 펀드와 봐야 할 중요한 이상기후현상은 라니냐와 엘리뇨이다.

농산물 투자 TIP! 기상이변 라니냐, 엘리뇨

라니냐

기상백과를 보면 라니냐는 적도 무역풍이 평년보다 강해지면 서태평양의 해수면과 수온은 평년보다 상승하고, 찬 해수의 용승 현상 때문에 적도 동태평양에서 저수온 현상이 강화되어 엘니뇨의 반대현상이 나타난다. 이러한 현상을 라니냐(스페인어로 여자아이)라고 한다.

인도네시아, 필리핀 등의 동남아시아와 호주 북부의 강수량이 증가해 홍수가 일어나는 반면, 더 강한 고기압을 보이는 페루 등의 남아메리카에는 가뭄이, 그리고 북아메리카 지역에는 강추위가 찾아올 수 있다. 발생 주기나 세기는 일정하지 않다.

[네이버 지식백과] 라니냐 [La Nina] (두산백과)

엘니뇨

엘니뇨(el Niño)는 페루와 칠레 연안에서 일어나는 해수 온난화 현상이다, 보통 이상의 따뜻한 해수 때문에 정어리가 잘 잡히지 않는 기간에 일어나는 엘니뇨는 에스파냐 어로 '어린아이(아기 예수)'라는 뜻인데, 이 현상이 12월 말경에 발생하기 때문에 크리스마스와 연관시켜 아기 예수의 의미를 가진 엘니뇨라고 부르게 된 것이다. 오늘날에는 장기간 지속되는 전 지구적인 이상 기온과 자연재해를 통틀어 엘니뇨라 한다.

엘니뇨의 영향은 기상, 어업, 경제 등 여러 방면에 영향을 주지만 특히 홍수나 가뭄을 야기한다. 1982~1983년에 발생한 엘니뇨로 인해 에콰도르에서 홍수로 600명의 인명 피해가 있었고, 로키 산맥에는 폭설이 내렸으며, 캘리포니아에서는 대형 허리케인이 발생하였다.

[네이버 지식백과] 엘니뇨 현상 - 정어리 떼를 쫓아낸 아기 예수

(『대단한 지구여행』, 2011. 8. 1., 푸른길)

이 두 가지의 이상기후가 생기면 작황이 나빠지기 때문에 농산물 펀드 수익률은 상승하는 측면이 있어서 매우 중요한 이슈가 된다. 올해는 특별히 이 두 현상이 없었기 때문에 작황이 좋았고, 곡물재고가 증가한 것이다.

재고가 증가한다는 것은 당연히 가격이 떨어질 수밖에 없는 조건 아니겠는가?

재고가 상승했다는 것은 단기적으로 악재이지만 결국 생산량을 줄이는 상황이 벌어질 수밖에 없고, 이상기후까지 겹쳐 농산물가

격이 급등하는 것은 반복적인 사이클처럼 일어나는 일이었기 때문에 지금은 사이클에서 가장 좋지 않은 지점에 있는 것으로 보인다.

2) 농산물 투자! 적기는?

통상 직장인의 입장에서 매월 적립식으로 가입하는 펀드가 많은데 지금처럼 가격이 떨어져 있는 것을 사서 가격 상승이 왔을 때 매도하는 것이 좋다.

매월 적립식이므로 마이너스에 대한 부담도 덜 하고 기회가 올 수 있는 길목에서 기다리는 전략이기 때문에 이슈가 되었을 때 투자하면 늦다.

대표적인 농산물 선물들을 모두 겹쳐놓은 것이다. 복잡하다는 생각에 멀미가 날 수도 있는데 이런 차트를 볼 때 요령을 알려주자면 대강의 추세를 보라는 것이다. 강도 멀리서 보면 어떻게 굽이쳐 흐르는지 큰 줄기를 알 수 있듯이 지금 농산물이 겹쳐지는 순간 몇 년간 우하향했다는 것을 알 수 있다. 그 이유는 앞에서 말한 대로 저물가 기조 때문이었다.

그렇다면 지금 매우 싼 상태이고, 투자할 만한 매력적인 가격대가 아닌가? 금융위기보다 더 가격이 하락했다면 말이다.

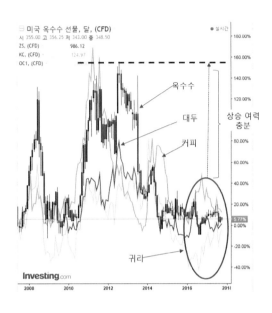

출처: https://kr.investing.com

앞으로 인플레이션에 대한 자넷 옐런 의장의 발언이 신뢰가 간다면…

3) 농산물 투자는 어떻게 해야 하나?

농산물 펀드에 가입하여 투자하는 방법과 상장된 농산물 펀드, 즉 ETF에 투자하는 방법이 있다.

(1) 대표적인 농산물 관련 펀드

농산물펀드

먼저 대표적인 농산물 펀드를 소개해보자면…

- 미래에셋로저스농산물지수펀드
- 멀티에셋짐로저스애그리인덱스펀드
- 신한BNPP포커스농산물펀드
- 신한BNPP액리컬쳐인덱스펀드

가 있다.

그중 하나를 소개하자면 **미래에셋로저스농산물지수특별자산자** **투자신탁**(일반상품-파생형)이다.

이 펀드는 농업관련 일반상품(농산물, 축산물 등에 속하는 물품 및 이 물품을 원료로 하여 제조하거나 가공한 물품)을 기초자산으로 하는 장내파생상품에 주로 투자하는 펀드다.

투자지역은 국내가 아닌 해외라는 점도 유의해야 한다.

앞에서 설명한 것처럼 대부분 농산물 선물에 투자하는 방식이고, 이는 미국의 상품거래소를 통해서 가능하기 때문에 해외일 수밖에 없다. 그리고 이 펀드는 자투자신탁이다.

자는 한문으로 '子'이다. 즉 자식 투자신탁이다. 그럼 '母'투자신탁이 있을 텐데….

모투자신탁은 Rogers International Commdity Agriculture Index이다.

상식 TIP!

왜 농산물 펀드에는 로저스 또는 짐 로저스라는 이름이 붙을까?

로저스라는 이름은 유명한 원자재 투자자이다. 특히 농산물과 원자재 등 상품투자의 귀재라고 알려져 있다. 짐 로저스는 로저스 홀딩스 회장으로 1972년 조지 소로스와 퀀텀펀드라는 아주 유명한 펀드의 설립자이기도 하다. 세계 3대 투자가로서 워렌 버핏, 조지 소로스와 함께 거론되는 인물이며, 퀀텀펀드 설립자 시절에는 10년간 4000%라는 수익을 내서 투자의 달인으로 유명하다. 그래서 농산물 투자와 관련된 펀드의 이름에는 짐 로저스의 이름이 많이 붙는다.

이 펀드는 어떤 농산물에 투자하고 있을까?

장내파생상품 계약현황

종목명	매수/매도
CORN FUTDEC17(CBOT)	매수
WHEAT FUTURE(CBT) Dec17	매수
COTTON NO2 FUTURE DEC 17(NYBOT)	매수
SOYBEAN FUT NOV 17(CBOT)	매수
COFF ROBUSTA 10TN NOV 117	매수
LIVE CATTLE FUTR OCT 17(CME)	매수
SOYBEAN OIL FUT DEC 17(CBOT)	매수
WHITE SUGAR (LIF) OCT 107	매수

출처: 미래에셋로저스농산물지수특별자산자투자신탁(일반상품-파생형)
2017년 05월 16일~8월 15일의 자산운용보고서를 참고.

옥수수, 밀, 면화, 대두, 로부스타 커피, 생우(生牛), 대두유, 백설탕… 외의 상당히 많은 농산물에 투자를 하고 있다.

매수 매도의 의미는 선물에서 매수는 롱포지션, 즉 상승에 투자하는 것이고, 매도는 쇼트포지션, 즉 가격하락에 투자하는 것이다.

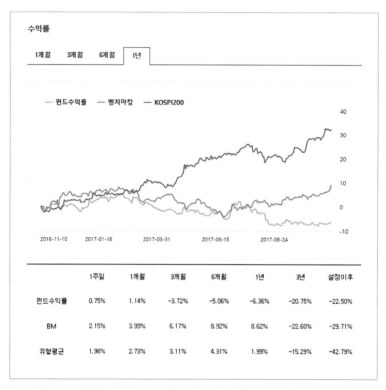

	1주일	1개월	3개월	6개월	1년	3년	설정이후
펀드수익률	0.75%	1.14%	-3.72%	-5.06%	-6.36%	-20.75%	-22.50%
BM	2.15%	3.99%	6.17%	8.92%	8.62%	-22.60%	-29.71%
유형평균	1.98%	2.73%	3.11%	4.31%	1.99%	-15.29%	-42.79%

출처: 미래에셋 대우 증권 펀드 검색 '미래에셋로저스농산물지수특별자산자투자신탁(일반상품-파생형)' https://www.miraeassetdaewoo.com/

최근 3년간 지속적인 마이너스를 보였다. 앞에서 계속 설명한 대로 저물가 기조가 계속되었기 때문이다. 그래서 수익률이 좋지 않은 펀드였다.

그러나 역발상적인 투자를 한다면 지금 투자하기에 너무 싸고, 앞으로 인플레이션 전망도 좋다는 면에서 투자해 볼 만한 가치가 있다는 것이다.

(2) ETF에 투자하는 방법

참고 ETF는 뭐지? 하는 분들을 위해 일단 간단하게 개념정리 들어간다.

ETF는 Exchange traded Fund의 약자다. 거래소에서 매매가 가능한 펀드라는 것이다. 다른 펀드들도 매매가 가능하지 않은가?라고 물을 수 있는데 거래소에 상장을 시켜서 주식처럼 1주당 얼마에 거래하는 방식의 펀드라는 것이다. 그렇다면 ETF를 볼 때 어디에 투자하는 펀드인지를 잘 분석해야 할 것이다.

주식은 그 기업의 재무상태, 그리고 업종 현황, 그 위로 가서 산업의 시장전망, 글로벌 경제 등을 분석하여 투자하는 것이 맞다.

ETF는 통상 인덱스 펀드를 상장시켜놨기 때문에(예를 들어 코스피/코스닥 지수, 원유(WTI) 지수, 미국의 S&P500지수 등 다양한 지수에 투자를 하는 펀드를 상장시켰기 때문에) 글로벌 시장 흐름을 제대로 분석한다면 수익을 내기는 주식보다 좀 더 쉽다고 할 수 있다.

주식을 투자할 때 업종, 산업, 국내외 글로벌 환경 등의 분석을 아무리 잘하더라도 기업리스크는 어떻게 할 수 없는 부분이다. 회계사도 기업리스크 분석은 재무제표를 가지고 하겠지만 CEO 리스크나 거짓 공시 등의 모럴 헤저드는 미리 찾아낼 도리가 없는 부분이다.

통상 직장인들끼리 재테크 대화를 한다면 빠지지 않고 단골 메뉴로 나오는 것이 고급정보인데 "이 주식 일주일 후부터 뜰 거야." 또는 "내부정보인데 내 친구가 그 회사 재무담당이어서 이번 실적 엄청 좋으니까 주식 뜰 거야.", 마지막으로 가장 많이 하는 바이오 업종의 소식은 "이건 일급비밀인데 거기 지금 신약 FDA 허가 신청 들어갔어. 급등할 거야." 등의 얘기다.

통상 이러한 소식은 한번은 맞을 수 있지만 결국 거의 폭락으로 끝나는 경우가 많다.
사실 저자인 나도 주식으로 이렇게 많이 당했다. 그래서 주식은 하지 않는다.

그러나 ETF는 기업리스크를 신경 쓸 필요가 없다. 지수들은 글로벌 경제에 영향을 받기 때문에 최대한 글로벌 시장 상황과 경제 기초를 공부하면 방향은 어느 정도 잡을 수 있기 때문이다.

① 국내 ETF
TIGER 농산물선물Enhanced(H)이다.

출처: http://finance.naver.com

   이 ETF는 저물가 기조와 금융자산의 상승만 가져온 양적완화로 인해 상당한 하락세를 보여야만 했다. 결국 인플레이션이 상승 전환할 때 실물자산가격이 상승하기 때문에 농산물가격은 인플레이션과 상당히 밀접해있다. 2011년 1주당 12,500원 하던 시작가격이 지금은 5400원 내외로 거래되고 있는 것을 보면 매우 저렴하다는 것을 알 수 있다. 앞으로 저물가가 지속된다면 더 내려가겠지만, 물가상승에 베팅을 한다면 이만큼 매력적인 가격은 잘 찾을 수 없다.

참고   **이 펀드는 어떻게 투자되나?**

1좌당 순자산가치의 변동률을 기초지수인 S&P GSCI Agriculture Enhanced Select Index Excess Return 지수의 변동률과 유사하도록 투자신탁재산을 운용하는 것을 목표로 한다.

스탠다드 앤 푸어스(Standard & Poor's)가 산출하는 S&P GSCI Agriculture Enhanced Select Index Excess Return 지수는 미국의 상품선물 시장(CME, CBOT)에 상장되어 거래되는 ① 밀, 옥수수, 대두, 설탕 등 4종목의 농산물 선물 가격 움직임을 나타내는 지수.

종목당 비중은 세계 생산량 및 거래량을 기준으로 결정되며, 롤 오버 비용을 경감할 목적으로 정해진 일정에 따라 롤오버하며, 선물투자 시 발생하는 ② 롤 오버 비용(Roll over Cost)을 반영하여 지수를 산출한다.

③ 환헤지 전략을 통해 투자신탁재산 중 외화자산의 90%를 환헤지하는 효과를 이루게 하고 있다. 기초지수 추종을 위하여 ④ 지수를 구성하는 종목 전체를 편입하는 완전복제전략을 원칙으로 하되, 필요 시 최적화 기법을 적용하여 일부종목만 편입하는 부분복제전략을 사용한다.

출처: 와이즈에프엔

- 먼저 이 ETF가 투자하는 지수는 미국의 상품선물 시장(CME, CBOT)에 상장되어 거래되는 밀, 옥수수, 대두, 설탕 등 4종목의 농산물선물 가격 움직임을 나타내는 지수를 추종한다는게 핵심이다.

- 롤-오버라는 말은 선물에서 많이 사용되는 용어인데, 선물은 거래를 해야하는 만기가 있다. 결국 만기가 되면 거래를 통해 선물 계약을 청산해야한다. 그러나 만기가 되더라도 사실상 손해가 났다면 좀 더 기다리고 싶어질 것이다. 그래서 만기가 좀 더 긴 선물 계약으로 갈아타기를 하면 된다. 롤 오버는 바로 갈아타기이면서

만기를 연장시키는 것을 말한다.

그래서 지하철에서 버스를 갈아탈 때도 환승비용이 발생하듯이 선물도 롤-오버시에는 비용이 발생한다. 그 비용을 지수에 반영하여 산출한다는 것이다. 그러므로 롤-오버당일이 되면 이 ETF가 추종하는 지수는 롤-오버비용을 반영하기 때문에 하락할 수 있다.

- 환헤지는 모든 글로벌 시장에 투자하는 펀드들은 고민하는 부분이다. 환차손을 보지 않기 위해 보험을 들어놓을 것이냐? 아니면 환차익가능성이 있으니 환헷지를 하지 말고 그냥 투자할 것이냐?

그렇기 때문에 환헤지를 하지 않은 펀드가 환헤지를 한 펀드보다 더 변동성이 크다고 볼 수 있다. 좀 더 다이나믹하다는 것이다. 그렇기 때문에 원/달러의 흐름이 어떤지를 전망할 수 있어야 환헤지를 하지 않고 할 수 있다. 그러나 그런 위험 감수가 싫다면 이렇게 환헤지가 되어있는 펀드를 투자하는 게 좋다.

통상 환헤지를 했는지 안 했는지 알 수 있는 방법은 펀드 이름에 있는데 이펀드의 경우 'TIGER 농산물선물Enhanced(H)'에서 (H)는 헤지를 했다는 의미로 쓰인다.

환헤지를 하지 않은 펀드의 경우 (UH)로 표기되어있는데 'Un Hedge'로 환헤지를 하지 않는 펀드라는 뜻이다.

- 완전복제전략을 원칙으로 한다는 의미는 추종하는 S&P GSCI Agriculture Enhanced Select Index Excess Return 지수의 구성 항목을 거의 모두를 매수함으로써 추종하는 인덱스와 거의 동일하

게 움직이게 하는 부분이다.

통상 코스피지수를 추종하는 인덱스의 경우 1천여 개의 종목을 모두 사야 되지만 코스피지수 산출 방식은 시가총액 방식이므로 시가 총액이 큰 대기업을 30개 내외로 매수하는 인덱스펀드라도 코스피지수와 거의 동일하게 움직인다.

이유는 삼성전자가 코스피를 구성하는 종목의 시가총액의 18%를 차지하기 때문이다.

② 미국 ETF

대표적인 미국 농산물 ETF는 DBA이다.

DBA는 대표적인 농산물 10개와 총 11개 원자재 선물에 투자한다. 옥수수, 대두, 소맥의 곡물과 소프트 원자재인 설탕, 코코아, 커피 등에 투자하며 생우, 비육우, 돈육 등 축산물 선물도 포함된다. 소프트가 45% 비중, 곡물이 34%, 축산물이 20%의 비중으로 투자되고 있다.

2011년부터 꾸준히 하락한 모습을 볼 수 있다. 현재는 주당 19달러대에서 움직이고 있다.

2011년 고점은 35.80달러였다.

충분히 싼 가격대이기 때문에 이 ETF도 투자할 만한 가격대라 판단된다.

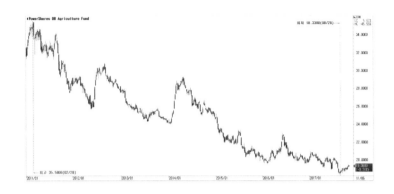

그리고 미국에는 각 곡물 하나하나에 직접 투자하는 ETF도 있다.

대표적인 ETF 이름을 소개하면 커피는 JO/설탕은 SGG/가축은 COW 등이다.

농산물 투자에 대해서 정리하자면 방법은 다양하다. 그러나 투자방법을 아는 것이 중요한 것이 아니라 타이밍이 중요하다. 언제 투자해야 할지… 그리고 그 타이밍을 잡는 기준은 무엇인지가 중요하다.

좋거나 나쁜 투자 상품은 없다. 투자타이밍이 좋거나 나빴을 뿐!

앞으로는 연준 의장이나 연준 총재들의 입에 귀를 기울여야 하며, 물가와 관련된 뉴스는 꼭 읽어야 한다.

그래서 물가에 대한 긍정적인 전망이 나온다면 원자재 펀드는 상

승할 것이고, 그중 상승이 힘들었던 펀드들은 싼 가격이 매력적이
라며 더 오를 가능성이 높다.

3.
물가가 상승할 것이라 기대한다면
금에 투자하라!

1) 달러와 금이 반대로 움직이게 된 역사적 배경

경제를 배웠다면 금이라는 단어가 나왔을 때 가장 먼저 나오는 중요한 체제가 있다. 브래튼 우즈 체제이다.

경제용어 TIP! 브레튼 우즈 체제

브레튼 우즈 체제(體制, 영어: Bretton Woods system, BWS)는 국제적인 통화제도 협정에 따라 구축된 국제 통화 체제로 2차 세계대전 종전 직전인 1944년 미국 뉴햄프셔 주 브레튼 우즈에서 열린 44개국이 참가한 연합국 통화 금융 회의에서 탄생되었다. 이 협정을 브레튼 우즈 협정이라 부른다.

협정에 따라 국제통화기금(IMF)과 국제부흥개발은행(IBRD)이 설립되었다. 통화 가치 안정, 무역 진흥, 개발 도상국 지원을 목적으로 하며 환율을 안정시키는 것이 주요한 목표였다.

미국 달러화를 기축 통화로 하는 금환본위제도의 실시: 금 1온스를 35달러로 고정시키고, 그 외에 다른 나라의 통화는 달러에 고정시켰다.

출처: 위키백과

브레튼 우즈 체제는 2차대전으로 유럽이 붕괴되면서 세계금융중심지였던 영국도 타격을 입자 가장 금이 많은 미국의 달러에 패권을 넘겨준 사건이다.

이때 금 1온스당 35달러는 지폐에 표시되어 있었다. 그래서 35달러를 들고 은행에 가면 금 1온스를 바꿔주는 형태였다.

하지만 금과 달러의 교환이 고정되어 있는 것은 달러를 금에 맞춰서 찍어내야 함에도 불구하고 달러를 마구 찍어낼 수밖에 없던 상황이 벌어진다.

바로 베트남 전쟁이다. 이때 미국은 전쟁비용으로 상당한 달러가 필요했고, 금과 상관없이 찍어내자 유럽의 달러보유국은 달러를 모두 금으로 바꿔달라는 상황이 벌어진다.

1971년 닉슨 대통령은 금태환제 폐지 선언을 했고, 그 당시 시장은 매우 혼란스러웠다.

그래서 지금은 달러를 가져가도 금으로 바꿔주지 않는 불환 화폐가 되었다.

그러나 금과 달러는 매우 밀접한 관계가 있다.

특히 물가상승률의 움직임에 따라 금은 달러와 반대로 움직이는 경향이 있다.

물가상승률은 돈의 가치를 하락시킨다고 하였다. 결국 달러의 가치도 물가상승으로 하락한다.

이럴 때 달러에 대한 신용이 하락하기 때문에 다른 화폐를 보유하고 싶은 게 투자자들의 마음일 것이다. 그러나 미국의 인플레이션이 심화되면 전 세계에 영향을 끼치기 때문에 다른 나라 화폐의 가치도 실물자산보다 하락하는 경향이 있다.

이때 투자자들은 두 가지 선택을 할 것이다. 부동산과 원유 등의 실물자산을 사든가 아니면 인플레이션 헷지를 하기 위해 금을 매수할 것이다.

금 또한 실물자산이지만 좀 특별한 자산이다. 누구나 알겠지만, 금은 고대부터 화폐로 인정받던 자산이기 때문이다.

지금도 그렇고 앞으로도 금은 그런 면에서 매우 중요한 자산이라 할 수 있다.

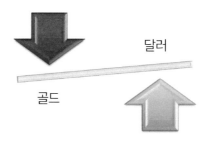

그렇기 때문에 달러보다는 금을 사서 돈의 가치를 지키고 싶은 것이다.

실제로 2017년 들어 달러에 대한 여러 나라의 신뢰가 깨지고 있다.

워낙 돈도 많이 풀었고, 앞으로 2019년에서 2020년 금융위기가 나타날 가능성이 높다는 전망에 힘이 실리고 있어서다.

그렇게 된다면 미국의 지칠 줄 모르고 오른 증시는 타격을 입을 것이고, 이때 달러는 상당한 신용을 잃을 수 있다는 점에서다.

그래서 사우디는 작년 중국과의 오일 거래에서 위완화 결제를 원했던 것이다. 물론 미국과의 정치적 문제도 있었지만 어쨌든 전문가들은 달러의 패권에 금이 가고 있다는 것은 일정 부분 인정하는 부분이다.

올해 들어 트럼프의 행보 또한 달러가 강해지는 것을 무척이나 부정하는 상황이었다.

그리고 올해 비트코인의 폭등 또한 기축통화인 달러에 대한 불신이 만들어낸 하나의 사건이다.

그래서 위기가 닥친다면 사람의 심리상 실물 금을 보유하고 싶어하지 않을까? 하는 생각이 든다. 역사적으로 화폐의 위기에서 금은 자산을 보호해주는 역할을 했다는 것은 누구나 알고 있기 때문이다.

금과 금리의 방향도 이 논리에서 보면 같다.

앞에서 금리는 돈의 가치라고 했다. 그래서 금리가 오르면 달러가 상승하고, 반대로 금가격을 내리는 현상이 벌어진다.

반대로 금리가 내려가면 달러의 가치가 하락할 가능성이 있기 때문에 금가격은 오르는 현상이 나타난다.

물론 금융위기 이후 꼭 그런 것은 아니다. 금리가 하락할 때 달러가 상승하는 경우도 많았고, 금리가 오를 때 달러가 약세일 때도 많았다.

그런 면에서 금가격도 실제로 좀 다르게 움직이기는 했으나, 장기적으로 보면 금과 달러가 반대로 움직이고, 물가가 상승할 때 금가격도 상승하는 것이 상식이 되었다.

앞에서 평상시 달러와 물가 금리 등에 의해 금 투자 타이밍을 잡았다면 실제로 금에 투자하기 가장 좋은 타이밍은 정치, 경제가 위기의 방향으로 향하고 있을 때이다.

금은 전쟁 가능성이 높아질 때, 또는 잘나가던 증시가 고꾸라질 것 같은 조짐이 있을 때 대표적인 안전 자산으로서 투자자들의 매수가 증가한다.

최근 북한의 도발로 인한 전쟁 가능성이 글로벌 뉴스로 이슈가 되었을 때, 증시를 일시적으로 하락시키는 역할을 했고, 이때 금가격은 일시적으로 오르는 모습을 보였다.

앞에서도 언급했지만, 결론적으로 위험할 때 사람들은 금을 매수하여 자산을 보호하고 싶은 본능이 있다는 것이다.

내년은 글로벌 증시가 거품이냐, 아니면 더 상승할 여력이 있느냐를 가지고 전문가들은 치열한 논쟁을 할 것이다. 거품 쪽에 무게를 싣는다면 금가격은 상승할 것이고, 그렇지 않고 계속 경제는 좋을 것이라는 데 무게를 싣는다면 금가격은 하락할 것이다.

아마도 가장 큰 논쟁이 될 것이고, 이것이 금가격의 성패를 좌우할 것이다. 그러기에는 아직 금가격은 싸기 때문에 내려가는 것은 제한적이지만 올라갈 수 있는 가능성은 열려있다.

2) 다양한 금 투자방법

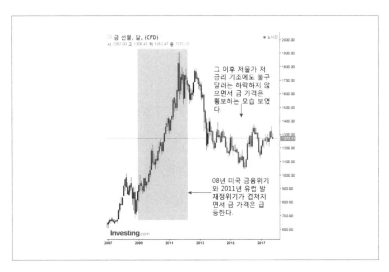

출처: https://kr.investing.com

금 투자 방법에서 우리 직장인들이 할 수 있는 가장 대표적인 세 가지 방법이 있다.

(1) 골드바
역시 금은 골드바로 사는 것이 제맛이지! 하는 자산가를 만난 적이 있다.

실제 집 금고에는 골드바가 꽤 있었고, 더 살 생각이라며 자산관리 상담을 한 적이 있다.

참 부러운 장면이었다. 한 개만 있어도 좋으련만~

국내 금시세를 검색하는 가장 쉬운 방법은 스마트폰으로 다음에서 검색하는 방법이다.

다음 검색에서 '국내 금 시세'를 치면 바로 나온다.

출처: 다음 검색어 '국내 금시세'

1돈 기준 얼마인지도 나오기 때문에 계산도 편리하게 할 수 있다.

통상 골드바는 100g이 많이 팔리는데 100그램을 입력 후 계산하면 다음과 같이 나온다.

금값 계산기　　매매기준율 기준(3.75g=1돈)

100　　그램　∨

4,619,897.00원

주의할 점은 부가가치세 10%가 포함되지 않았기 때문에 10% 포함 계산 시 500만 원 내외가 된다는 점이다.

그래서 골드바 판매 전문점에 골드바를 투자목적으로 사러 가면 사장님은 통상 100g 골드바가 500만 원 내외라는 얘기를 한다.

실물 금을 사는 방법은 두 가지가 있다.

① 금과 은을 파는 가게에서 직접 골드바를 사는 것이다. 종로에 금은방을 가면 쉽게 살 수 있다.

그러나 100g을 실물로 본 사람이라면 모두 작다고 느낄 것이다.

그래서 1kg이면 5천만 원 정도가 되고 이게 뉴스에서 나오는 금괴의 대표적인 사이즈라고 할 수 있다.

② 한국 거래소(KRX)를 이용하는 방법이 있다.

KRX 금시장에서는 한국거래소가 지정한 업체가 생산·수입하고 한국조폐공사의 품질인증을 통과한 순도 99.99% 금을 유통한다.

100g도 너무 비싸서 못 사니 조금 사는 방법은 없을까?

금 1g 단위로 매매가 가능하기 때문에 위 그림에서처럼 11.10일 기준 가격 46198.97원이면 거래가 가능하다.

거래 방법은 증권사에서 금 현물거래 계좌를 개설하고 개설된 게

좌에 금을 살 돈을 입금 후 매수하면 된다. 매매 시 수수료는 0.3% 내외의 증권사 온라인 수수료만 부과된다.

한국거래소 금 매매 방법

주의할 점은 금을 살 때 거래소 매매체결 시스템을 통해 매도주문과 매수주문을 할 수 있는데 이를 직접 골드바로 가져오려면 부가가치세 10%와 예탁 결제원 및 해당 증권사에서도 수수료를 부과한다는 것을 알아야 한다.

그래서 통상 거래소 매매체결 시스템으로 매매차익만큼만 현금으로 이익을 보고 10% 부가가치세는 내지 않는 게 통상 일반적이다. 그래도 금을 사야겠다면 10%의 수익은 부가가치세로 반납해야 하는 단점이 있다.

그래도 좋은 점은 실물을 거래하면 양도소득세를 내는데 한국거래소에서 거래하면 세금이 부과되지 않으며 금융소득종합과세 대상에 포함되지 않는다.

(2) 골드뱅킹

은행에서 적금과 예금 가입 하듯이 통장을 개설하고 돈을 입금하면 그날 금시세로 환산하여 몇 그램인지 통장에 나온다. 온라인으로 확인하는 게 더 간단하다.

골드뱅킹 10만 원 가입하는 법

그렇게 되면 금가격의 변동에 따라 투자자가 매수한 만큼의 금값도 변동하는 상품이다.

원래 골드뱅킹은 배당소득세(15.4%)를 내야 했으나 2017년 3월부로 비과세되면서 투자하기 정말 좋아졌다는 점도 알면 도움이된다.

(3) 금 펀드

대표적으로 가장 많이 하는 금 투자가 금 펀드이다. 금 펀드에 투자하는 것은 크게 세 가지로 분류된다.

① 금광업 또는 금과 관련된 기업에 투자하는 방법으로 통상 금광업체를 가지고 있는 기업의 포트폴리오에 투자하는 것을 말한다.

블랙록월드광업주 펀드가 대표적이다. 꼭 금에만 투자하는 것이 아니라 광산에서 나오는 모든 것을 채굴하는 기업들이 많다. 그래서 광물에 대한 투자비중은 다양하다. 그래도 금의 비중이 꽤 높은 편이다. 주의할 점은 금가격과 동일하게 가지 않는다는 것이다. 금광업체이기 때문에 회사의 자체 리스크가 있다면 금가격이 오르더라도 잘 오르지 않는 경우가 있다.

예를 들어 2017년 상반기 운용보고서의 운용경과 및 운용계획을 보면 펀드에서 투자하고 있는 칠레광산의 노동자들이 파업에 돌입하면서 주가가 하락하는 상황이 벌어진 것이다. 이 부분은 금가격과 상관없이 펀드 수익률에 악영향이다.

반대로 금가격 상승으로 금광채굴이 풍부한 상황이라면 금가격보다 훨씬 크게 오를 수 있는 가능성도 높다. 금가격 대비 변동성이 크다는 것을 알고 있어야 한다.

업종별 투자비중

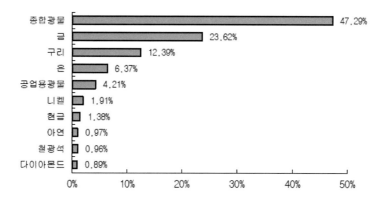

출처: 블랙록월드광업주증권자투자신탁(UH) 자산운용보고서(2017. 3. 9.~ 6. 9) 6P. 참조

② 금 선물 펀드

가장 대표적인 금 펀드이다. 통상 금 펀드라 함은 금 현물을 매매하는 것이 아니라 금 선물을 매매하는 것을 말한다. 그래서 금 현물가격이 오르더라도 금 선물가격이 꼭 오르는 것은 아니기 때문에 약간의 괴리가 있을 수 있다. 지금 금 값이 좋다고 하더라도 미래전망은 부정적이라면 금의 현재가격과 미래가격은 괴리를 나타낼 수밖에 없다.

펀드에 투자하지 않고 직접 선물에 투자하는 투자자라면 현물 금을 매수하고 선물에서 매도하는 전략을 취해 양방향에서 수익을 내는 전략을 취할 수도 있다. 그러나 금펀드의 경우 선물을 매수하기 때문에 장기적으로 금가격이 좋을 것이라는 기대감이 있을 때 수익이 많이 날 수 있다는 점을 참고해야 한다.

③ 금 ETF

금에 투자하는 국내 금 ETF와 미국 ETF로 나눌 수 있다.

일단 다시 금 ETF로 들어가서 국내 금 ETF와 미국 ETF에 대해서 소개하고자 한다.

- 국내 ETF는 어떤 것이 있는지 알아보자!

국내 ETF시장에 올라와 있는 대표적인 금 ETF 종목은 KODEX 골드선물(H)이다.

스마트폰이나 컴퓨터에서 쉽게 검색할 수 있는 방법

이것을 쉽게 네이버에서 검색하는 방법을 알려줄 테니 검색해서 한번 확인하기 바란다.

1. 일단 네이버에서 증권을 클릭한다.

2. 금융페이지에서 KODEX골드선물(H)을 검색한다.

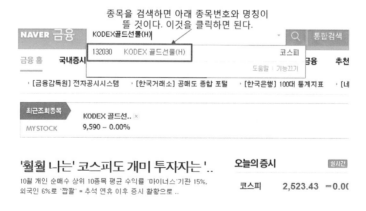

출처: http://finance.naver.com/

3. KODEX골드선물(H) 가격이 나온다. 현재 1주당 9,645원으로 거래되고 있다.

1년 동안 오르락내리락하며 8,500원~10,200원 대의 움직임을 볼 수 있다.

출처: http://finance.naver.com/

가. KODEX골드선물(H)

KODEX골드선물(H) ETF는 국내 가장 대표적인 금 ETF로 삼성 자산운용이 만들어 관리하고 있고, 금 선물에 투자하는 특별자산 ETF다.

기초지수는 S&P500 GSCI Gold INDEX를 추종하는 것으로 되어있다.

기초자산 또는 지수를 어려워하는 사람들이 있는데 그냥 쉽게

생각하면 KODEX골드선물(H)이 무엇을 보고 움직이는지의 기준이
되는 자산 또는 지수다.

일단 변동성이 1배이므로 S&P500 GSCI Gold INDEX와 거의 같
이 움직인다고 봐야 한다.

나. KINDEX골드선물 레버리지(합성H)
여기에 골드 인덱스를 1배로 추정하는 것은 재미가 없다며 두 배
로 움직이는 ETF에 투자하고 싶다면 KINDEX골드선물 레버리지
(합성H)에 투자하면 된다.

괄호 안 합성은 합성선물이라는 것을 뜻하는데 동일한 행사가격
인 콜옵션과 풋옵션이 결합하여 선물 포지션을 만드는 포트폴리
오 전략이다. 선물 옵션 설명은 다음 책에서 설명하기로 하고 이정
도만 알아 두기 바란다.

그리고 괄호 안 'H'는 Hedge로 통상 환차손에 대해서 헷지했다
는 것을 의미한다. 그래서 달러에 대한 환차손 걱정은 없다는 것을
의미한다.

이것은 금 지수가 1% 움직일 때 레버리지 2배이기 때문에 2% 움
직인다는 것이다.
그러나 시장에서 막상 투자해보면 2배 이상일 때도 있고, 1배에

가까울 때도 있다.

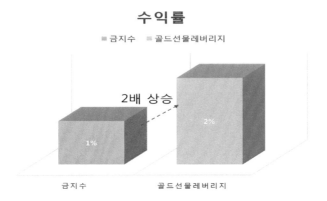

이유는 KINDEX골드선물 레버리지(합성H)도 하나의 주식종목으로서 수급에 의해 가격이 결정되기 때문이다.

예를 들어 오늘 금값이 1% 상승했다고 치자! 투자자들은 고민할 것이다. KINDEX골드선물 레버리지(합성H)가 내일과 그 이후 며칠 동안 상승할 것으로 보인다면 오늘 2%가 올랐음에도 불구하고 미리 더 살 것이기 때문에 5%도 가능한 것이다.

반대로 금 지수가 1% 내렸음에도 불구하고 앞으로 며칠간 더 떨어질 것이라면 투자자들은 미리 팔기 때문에 5% 손실도 가능한 것이다.

출처: http://finance.naver.com

KODEX골드선물(H)				KINDEX골드선물 레버리지 (합성H)			
날짜	종가	전일비	등락률	날짜	종가	전일비	등락률
2017.10.31	9,590	▲ 65	+0.68%	2017.10.31	11,885	▲ 115	+0.98%
2017.10.30	9,525	▲ 5	+0.05%	2017.10.30	11,770	▲ 55	+0.47%
2017.10.27	9,520	▼ 105	-1.09%	2017.10.27	11,715	▼ 235	-1.97%
2017.10.26	9,625	▲ 40	+0.42%	2017.10.26	11,950	▲ 90	+0.76%
2017.10.25	9,585	▼ 45	-0.47%	2017.10.25	11,860	▼ 115	-0.96%
2017.10.24	9,630	▲ 30	+0.31%	2017.10.24	11,975	▲ 85	+0.71%
2017.10.23	9,600	▼ 40	-0.41%	2017.10.23	11,890	▼ 75	-0.63%
2017.10.20	9,640	▲ 60	+0.63%	2017.10.20	11,965	▲ 40	+0.34%
2017.10.19	9,580	▼ 80	-0.83%	2017.10.19	11,925	▼ 100	-0.83%
2017.10.18	9,660	▼ 45	-0.46%	2017.10.18	12,025	▼ 195	-1.60%
2017.10.17	9,705	▼ 100	-1.02%	2017.10.17	12,220	▼ 185	-1.49%
2017.10.16	9,805	▲ 60	+0.62%	2017.10.16	12,405	▲ 85	+0.69%
2017.10.13	9,745	▼ 10	-0.10%	2017.10.13	12,320	0	0.00%
2017.10.12	9,755	▲ 50	+0.52%	2017.10.12	12,320	▲ 130	+1.07%
2017.10.11	9,705	▲ 5	+0.05%	2017.10.11	12,190	▲ 50	+0.41%
2017.10.10	9,700	▲ 55	+0.57%	2017.10.10	12,140	0	0.00%
2017.09.29	9,645	▲ 40	+0.42%	2017.09.29	12,140	▲ 110	+0.91%
2017.09.28	9,605	▼ 140	-1.44%	2017.09.28	12,030	▼ 260	-2.12%
2017.09.27	9,745	▼ 130	-1.32%	2017.09.27	12,290	▼ 320	-2.54%
2017.09.26	9,875	▲ 130	+1.33%	2017.09.26	12,610	▲ 320	+2.60%

출처: KODEX골드선물(H) / KINDEX골드선물 레버리지(합성H)의
외국인 기관 매매 현황에서 발췌 후 가공

매일 종가 표를 비교해보면 알 수 있듯이 2017.10.27.에는 2배에
못 미치는 차이를 보였고, 10.25은 두 배 더 하락하는 모습을 보
였다.

이처럼 매수와 매도의 심리전 때문에 꼭 2배의 레버리지라 할 수
없다. 다만 금 지수의 두 배 정도의 변동성을 추종할 수 있도록 구
조화한 상품임을 참고하면 된다.

다. KINDEX 골드선물 인버스2X(합성H)

인버스(inverse)는 정반대라는 뜻이 있다. 금가격이 반대로 하락할
때 이 ETF는 수익이 난다.

금 선물가격이 하락하면 하락 폭의 두 배 수익률을 얻을 수 있는
상장지수펀드(ETF)로 한국투자신탁운용에서 운용 중에 있다.

금 지수 하락

KINDEX 골드선물
인버스 2X: 두 배 상승

기초지수는 S&P WCI Gold Excess Return Index이고, 일본상
품거래소(TOCOM) 시장에서 거래되는 금 선물을 기초자산으로 하

여 발표하는 달러 환산 인덱스이며 LBMA(런던 금시장연합회) 및
COMEX(세계최대 금선물시장)의 금가격 변동과 유사하게 움직인다.

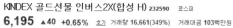

KINDEX 골드선물 인버스2X(합성 H) 232590 코스피

6,195 ▲40 +0.65% 호가 거래량 16,661(349%) 거래대금 103백만원

1일 1개월 3개월 1년 3년 빅차트	전일	6,155	고가	6,230
	시가	6,230	저가	6,190
	상한가	9,845	외인비율	0.40% (-0.01%)
	하한가	2,465	시가총액	81억 (1278위)
	52주최고	8,440	EPS/PER ?	0/0 (원/배)
	52주최저	5,575	BPS/PBR ?	0/0 (원/배)
	업종	-	WICS	

출처: http://finance.daum.net/item/main.daum?code=232590

S&P WCI Gold Excess Return Index를 반대로 2배의 변동성으
로 움직인다고 보면 된다.

앞에서 금가격과 달러의 관계, 금리와의 관계, 물가와의 관계들
을 유심히 살피면서 금가격이 하락할 것이라 판단될 때, 이 ETF에
투자하면 수익을 낼 수 있다.

통상 우리는 투자할 때 뭐가 오를 것인가?에 대한 고민만 하는데
이렇게 인버스 ETF는 떨어지는 것도 놓치고 싶지 않은 사람들에게
는 매우 좋은 투자처이다.

선물이나 옵션 같은 파생상품에서도 쇼트포지션이나 풋 옵션등
기초자산의 하락에 투자하는 방법은 있지만 레버리지가 높아 변

동성이 매우 크기 때문에 부담스러운 점이 있었다.

그러나 이런 ETF가 나오면서 편하게 할 수 있으며 변동성도 1% 대 내외라서 부담이 감소되는 것이다.

실제로 주식보다 변동성이 적은 편이기 때문에 주식을 하기 전에 ETF부터 먼저 해보라고 권하는 전문가들이 많다.

나도 그중 한 명이며, 펀드를 매입하고 매도하는 것을 직접 주식처럼 하다 보면 좀 더 익숙한 상황에서 할 수 있기 때문이다.

- 미국 금 ETF는 어떤 것이 있는지 알아보자

대표적인 것은 GLD이다. 금 실물을 사는 것으로 '스파이더 골드 트러스트'로 유명하다. 원자재 펀드 규모와 거래량 등 다양한 면에서 가장 으뜸이라고 평가받고 있다.

금 현물가격에 연동되어있기 때문에 가장 기본적인 구조라 할 수 있다.

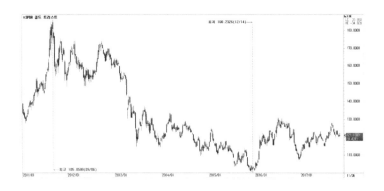

2011년 185달러였던 GLD는 현재 121달러대에서 움직이고 있다. 아직 가격대는 싼 편이다.

결국 전쟁과 같은 불안이나 달러에 대한 신뢰가 하락하는 상황, 인플레이션 급등기에 금가격은 상승하기 때문에 이 부분을 고려하여 매수하는 것이 좋다.

GLD보다 좀 더 익사이팅한 것은 없을까?

UGLD가 있다. GLD의 세 배의 변동성을 가지고 있다. 즉, 금가격이 1% 움직였을 때 UGLD는 3% 움직이는 것이다.

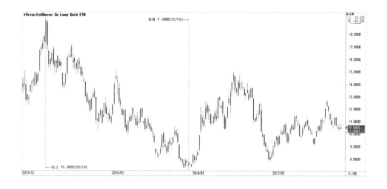

GLD 차트와 비슷한 상황이다. 1주당 10.55달러대에서 거래되고 있고, 2013년도 고점은 19.38달러이다.

반대로 금가격이 하락하는 데 투자하는 미국 ETF도 있다.

DGZ라는 ETF이다. 이것은 금가격이 하락하면 그만큼 수익이

나는 ETF로 인버스 ETF다. 참고하여 금가격의 오르내림에 투자하는 것도 좋다.

미국 ETF 개설 및 투자방법, 매매 시 유의사항 및 세금은?

요즘은 대부분 온라인으로 계좌개설이 되기 때문에 모바일로 개설하는 경우가 꽤 많다. 그리고 MTS는 모바일로 거래하는 시스템이다. 통상 HTS로 컴퓨터에서 거래를 많이 하지만 요즘은 MTS가워낙 잘되어 있어 스마트폰으로 하는 것이 훨씬 편하다.

원화를 달러로 바꿔서 거래를 하기 때문에 원화가치가 달러에 비해 비싸다고 생각하는 환율하락 시 환전해서 거래하고, 달러를 다시 원화를 환전할 때에는 원 달러 환율이 상승할 때 환전하면 ETF에서의 이익과 환차익까지 얻을 수 있다.

고소득자는 국내 ETF를 거래할 경우 금융소득 종합과세에 해당되어 높은 세금을 낼 수 있는 반면, 미국 ETF는 매매차익에 대해분리과세 되기 때문에 유리하다.

단, 배당소득은 분리과세 되지 않는다는 점은 유의해야 한다.

그리고 세금 부분에서 참고할 부분은 통상 한 종목이라도 이익이 나면 매매차익에 대해 세금을 내는 것이 아니라 1년간 수익이 난 금액과 손해가 난 금액을 합쳐서 이익이 났다면 그 부분만 분리 과세에 해당한다.

매매차익이므로 세금은 양도소득세 22%를 내면 된다. 그러나 1년간 수익의 250만 원까지는 면세가 된다.

3) 그 외에 2018년, 2019년까지 투자할 만한 미국 ETF

채권 시간에 물가상승은 채권에 좋지 않다고 설명했다. 그러나 물가가 상승할 때 좋은 채권이 있다고 했는데 무엇인지 기억나는가?

(1) 물가연동 국채

물가연동국채다. 영어로는 TIPS(treasury inflation-protected securities).

ETF명은 TIP이다. 미국의 물가연동 국채이다.

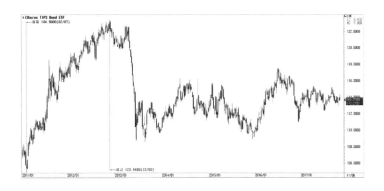

최근 1년간 TIP는 바닥을 찍고 상승했으나 박스권 상태에서 움직이는 모습이다.

앞으로 물가가 올라간다면 TIP ETF 또한 상승할 것으로 보인다.

미국을 제외한 물가연동 국채도 있다. ETF 명은 WIP이다.

2017년 꾸준히 상승하다가 09월부터 조정을 받았다. 앞으로 세계적으로 인플레이션 상승이라는 문장이 나올 때 상승할 것이니 지켜볼 필요가 있다.

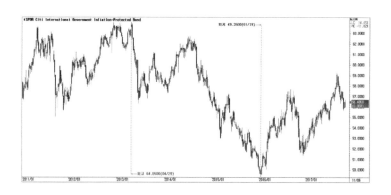

(2) 원유 관련 미국 ETF

원자재 중 가장 대표적인 것을 말하라면 단연 원유가 될 것이다. 최근 몇 년간 미국의 셰일 오일의 생산이 급증하면서 원유가격은 매우 낮은 상태를 유지했다. 그러나 최근 들어 상승하는 모습을 보이고 있고, 내년에는 셰일 오일의 생산량이 점차 축소될 것으로 보이기 때문에 유가는 상승할 것이라는 전망을 하고 있다. 여기다 인플레이션 전망까지 나타난다면 유가가 상승하는 데는 더없이 좋은 상황이 될 것으로 보인다.

USO ETF

미국에서 생산되는 원유 WTI에 투자한다. 원유는 선물에 투자되는 게 많은데, USO도 선물에 투자된다. 그러나 현물과 가장 가까운 근원물에 투자되기 때문에 현물과 가장 비슷하게 움직인다.

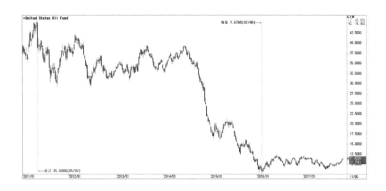

2013년 39달러대였던 가격이 현재 11달러대까지 내려왔다.

많이 저렴한 가격이라 볼 수 있다.

다만 주의할 것은 앞으로 대체에너지 비중이 높아지면서 원유소비는 축소될 것이라는 전망도 많다는 점이다. 그래서 사우디는 아람코를 상장하여 팔겠다고 나선 것이다.

그러나 그게 당장 이뤄질 일은 아니라고 판단된다. 그래서 내년에는 유가가 좀 더 오를 것이라는 전망이 지배적인 점은 투자에 긍정적이다.

그러나 USO보다 좀 더 변동성이 큰 ETF를 찾는다면 UWT를 추천한다.

UWT

이 ETF는 USO의 3배의 변동성을 가지고 있기 때문이다. 통상 미국 ETF로 거래하는 투자자들은 UWT를 많이 거래한다.

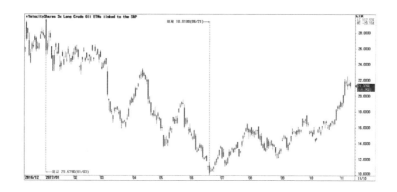

최근 1년간의 차트를 보면 29달러대가 최고점이었고, 저점은 10달러대였다. 현재는 18달러대에서 움직이고 있다.

(3) 변동성에 투자하는 ETF

마지막으로 추천할 미국 ETF는 VIX와 관련된 ETF다.

VIX와 관련된 ETF다. VIX 지수는 통상 공포지수라 한다. S&P 500지수 옵션과 관련해 향후 30일간의 변동성에 대한 투자기대지수를 가리킨다. 예를 들어 VIX가 30이라면 한 달간 주가가 30%의 등락을 거듭할 것이라고 예상하는 투자자들이 많다는 것이다.

출처: 해외투자용어사전

그래서 VIX 지수가 상승하면 한 달간 주가의 등락도 커지기 때문에 투자자에게는 공포스러운 일이 될 것이다. 그래서 투자자라면 VIX 지수가 높을 때는 조심하고, 낮을 때에는 공격적인 투자를 하는 행태를 보인다. 그래서 VIX 차트는 증시에 투자하는 투자자에게는 매우 중요한 지표이다.

VIX 지수 차트부터 보자.

최근 1년간 차트를 보면 꾸준히 하락하는 모습을 볼 수 있다. 변동성이 적었고, 매우 안정적이었다는 의미이다. 그래서 미 증시와 글로벌 증시 모두 좋은 분위기였다.

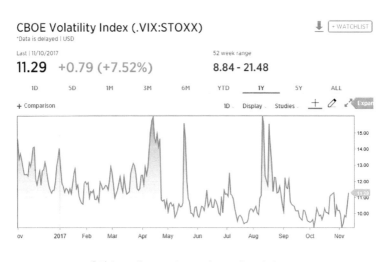

출처: https://www.cnbc.com/quotes/?symbol=.VIX

그러나 내년에 금리인상 속도가 어떻게 될지에 따라 시장이 흔들릴 수 있다. 그래서 VIX 지수가 이렇게 낮을 때 VIX와 관련된 투자를 해보는 것이 좋을 것이라 생각이 든다.

VXX : VIX와 비슷하게 움직이는 미국 ETF다.

주의할 점은 변동성이 높아질 것으로 예상되는 시점에만 투자하는 것이 좋다는 것이다. 길게 끌고 가면 하락하는 경향이 크기 때문이다. 특히 금리인상 시기와 맞물리거나 트럼프의 감세정책의 시행결과 이전이나 전쟁 가능성이 클 때 투자하면 수익이 날 수 있다. 시장의 불안한 이슈가 다가올 때를 노리는 전략을 써야 한다.

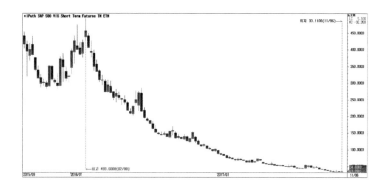

증시가 계속 신고가를 경신하면서 올해는 매우 크게 하락하는 모습을 보였다. 내년에는 지켜보면서 악재가 있을 때 투자해 봄이 좋을 것으로 판단된다.

4) 2018년 ELS는 신중해야 하는 이유

ELS는 통상 위와 아래를 막아서 그 안에서 움직일 때 정해진 수익을 주는 형식의 상품이다. 그러나 현재 증시는 상당히 높아져 있는 상태이기 때문에 변동성이 커지면 위아래로 심하게 움직일 것이다.

그렇다면 ELS에서 높은 수익이 나기는 매우 힘들 것이다. 그래서 먼저 ELS가 무엇인지 개념을 정리하고, 두 가지 기본적인 모델을 이해하고 가자! 그래야 기초자산의 차트를 보면서 수익 가능성을 판단하는 기준이 되기 때문이다.

(1) ELS 개념 정리하기

2010년 넘어설 때 쯤 ELS가 한창 인기가 있었던 적이 있었다. 증시가 위로도 아래로도 움직이지 않자 ELS에서 은행이자보다 더 높은 수익을 안전하게 내보자며 원금보장형 ELS를 많이 투자했기 때문이다.

지금은 ELS의 구조가 다양화되어 나오지만 통상 두 가지 형태의 상품에 옵션을 좀 더 달아서 나오기 때문에 개념을 정리하는 차원에서 참고하면 좋다.

ELS는 Equity Linked Securities의 약자로 주가연계증권이라 한다. 연계가 되어있다는 것은 금융 투자에서 파생투자에 해당되는데 이 부분은 좀 더 공부를 해야만 이해가 쉽다.

'파생'이라는 단어를 먼저 알아야 하는데 사전적 의미로 보면 (어떤 사물이나 현상이 무엇에서) '갈려 나와 생기다'라는 뜻이다. 금융 투자에서 파생은 어떤 투자대상이 있고 이것의 오르내림에 따라 수익과 손해가 결정되는 것이 기본인데 여기서 투자한 대상을 기초자산이라 한다. 이 기초자산에 대한 어떤 조건이 발생하고 이 조건에 따라 수익이 달라지는 것을 파생이라 한다. 결국 사전적 의미에서 어떤 사물에서 갈려 나와 또 다른 투자 상품이 생긴 것이다.

쉽게 예를 들어보자!

코스피 200 지수에 투자를 한다고 가정하자! 코스피 200지수가 오르면 오르는 대로 수익이 나고 내리면 내리는 대로 손해가 난다면 코스피 200지수에 직접투자를 한 것이 된다. ELS는 여기에 조건을 건다.

예를 들면,

1. 계약기간은 1년으로 한다.
2. 코스피 200지수가 1년간 한 번도 50% 이하로 떨어지지 않으면 고정수익률로 10%를 지급한다. 그러나 50% 이하로 1년간 한 번이라도 떨어졌을 때에는 실제 수익률로 전환한다.
3. 코스피 지수가 아무리 수익을 많이 냈더라도 고정수익률 10%로 한다.

만약에 위 조건으로 되어 있다면 코스피지수가 아무리 수익을 많이 내도 ELS에 투자한 사람은 10% 고정수익을 받을 것이며 50% 이하로만 떨어지지 않았다면 -49%가 나더라도 원금과 고정수익 10%를 받을 수 있다.

이렇게 코스피 200지수라는 기초자산에 조건을 걸어 다른 투자 상품을 만들어내는 것을 파생결합상품이라 한다.

물론 기초자산은 다양할 수 있다. ELS의 경우 주가지수와 각 기업의 주식을 기초자산으로 하는 경우가 그렇다. 세계시장의 다양한 지수를 기초자산으로 만들고 있고, 삼성전자나 현대차 등 우량한 주식을 기초자산으로 한 ELS가 대표적이다.

수익 구조면에서도 다양하게 나뉘어진다.
하지만 기본적으로 알아야 할 구조는 크게 두 가지가 있다. 노크 아웃형과 스텝 다운형이다.
나머지는 이 기본적인 두 가지를 이해하고 나면 응용의 단계라 생각하면 된다.

(2) KNOCK OUT 형 이해하기

쉽게 설명하자면 노크하면 아웃이 된다는 뜻이다.
예를 들어보자. 코스피 200지수에 투자하는 KNOCK OUT형 ELS에 투자한다.
KNOCK OUT 조건은 코스피 200지수가 투자할 때의 기준가격보다 25% 이상 상승했을 때 KNOCK OUT이 되는 조건이다. 기준가격보다 내려가더라도 만기 시 원금은 보장된다.
25% 이상 상승하지 않는다면 기준가격에서 난 수익률을 정해진 조건에 맞춰 지급한다.

이것을 그래프로 그러서 설명하면 조금 더 쉬울 것이다.

통상 원금보장형 ELS의 KNOCK OUT 구조가 이렇게 되어있다.

구분	내용
모집한도	100억 원
청약기간	201X. 9. 15~9. 19(13시30분)
상품유형	원금보장형/KNOCK OUT형 100-125(참여율:90%)
기초자산	KOSPI200지수
최고수익률	22.5%
노크 아웃 수익률	2%
만기/상환주기	1년
최초 기준가 결정일	201X. 9. 19

증권사에 가서 원금보장형 ELS를 하게 되면 이런 구조의 표와 그림을 볼 수 있다.

위 표와 그래프를 이해하면 투자를 판단할 때 도움이 된다. 위 표를 아래 그래프에 옮겨놓은 것이라 생각하면, 이해하기가 쉬울 것이다.

모집 한도와 청약 기간은 보는 그대로이고, 모집 한도가 차지 않으면 무효가 된다. 그러므로 청약이 불가능한 경우도 종종 있다.

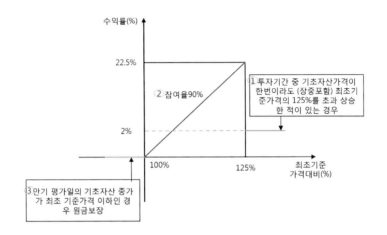

상품유형을 보면 원금보장형과 KNOCK OUT형이라고 써있는데 이것이 어떤 구조인지가 아래 그래프로 설명되어 있다.

이 ELS의 기초자산은 코스피 200지수인데 이 지수의 움직임에 따라 수익률이 달라지는 것이다.

위 그래프에서 ①은 노크 아웃 시 수익률로서 코스피 200지수가 최초기준가 대비 125%가 장중 포함하여 한번이라도 넘었을 때 2%의 수익률을 준다는 의미다.

위의 천정(Barrier: 그래프 위에 벽을 배리어라고 함.)이 125%라는 것이다.

예를 들어 코스피 200지수가 최초 기준가 결정일인 201X. 9. 19에 100P라고 가정한다면 그 후 1년 동안 125P를 한 번이라도 넘은 적이 있다면 1년 만기 이후 2%를 받아야 한다는 것이다.

② 참여율이 90%라는 것은 125%의 배리어를 넘지 않은 상태에

서 투자자가 얻을 수 있는 수익률을 말한다.

최초기준가에서 20%가 상승하였다면 코스피 200지수의 1년 만기 수익은 20%이지만 투자자가 얻는 수익은 그 20%의 참여율만큼이다. 그러므로 20%×90%=18%가 수익률이 된다.

그래서 그래프의 세로 수익률 부분의 22.5%는 코스피 200지수의 최고 25%의 수익을 냈을 때 투자자가 가져갈 수 있는 최고 수익률이 22.5%라는 것이다.

③ 만기 시 최초기준가인 100P보다 내려갔다면 원금보장형이므로 0% 수익을 낸 것이므로 원금만 가져가면 된다.

앞의 표와 차트를 이해한다면 여기서 응용의 어떤 KNOCK OUT 구조도 이해하기가 쉽다.

한번 더 강조하자면 천정을 노크하면 수익률 게임에서 아웃되어 정해진 수익률을 받는다.

만약 만기 시에도 최초 기준가격보다 낮아져 마이너스가 발생했다면 ③의 수익률을 받는다.

기초자산 수익률이 만기 시에 25%를 냈다고 하더라도 투자자는 참여율만큼을 곱해서 받는다.

(3) 원금 비보장/스텝다운형 구조 이해하기

스텝다운형 구조는 원금 비보장형으로 노크 아웃형만큼 많이 판매되고 있는 ELS 구조이다.

그리고 원금 비보장형 스텝다운을 이해하면 다른 비슷한 구조들도 쉽게 이해할 수 있다.

통상 KNOCK OUT 형은 배리어를 노크하면 정해진 수익률로 지급하고 끝나지만 스텝다운형 구조에서 노크를 하면 KNOCK IN이 되면서 실제 수익률로 전환된다.

배리어가 천정에 있는 것이 아니라 바닥에 있는 것이다. 즉, 얼마 이하로 떨어지지 않으면 수익을 보장하는 것으로서 만약 하한 배리어를 노크했다면 KNOCK IN이 되어 마이너스 수익을 고스란히 투자자가 꺼안는 상황이 된다. 그래서 구조상 위험은 스텝다운형 구조가 더 있는 것이다.

일단 표와 그래프를 보며 설명해 보겠다.

구분	내용
모집한도	100억 원
청약기간	201X. 9. 15~9. 19(13시30분)
상품유형	원금 비보장형/자동조기 상환형 STEP DOWN형(90-90-85-85-80-80)
기초자산	KOSPI200지수/HSCEI 지수
최고수익률	30%
더미	30%
만기/상환주기	3년/6개월
최초 기준가 결정일	201X. 9. 19

먼저 표에서 상품유형을 보면 중요한 것이 있다. STEP DOWN형 (90-90-85-85-80-80)이다. 괄호 안에 숫자는 최초기준가 가격 결정일 이후 6개월마다의 조기 상환 조건을 지칭하는 것이다.

첫 번째 6개월에 KOSPI200지수/HSCEI 지수 둘 다 원금의 90% 이상이 되면 조기 상환되고, 이때 수익률은 5%이다. 만약 둘 중 하나라도 원금의 90%가 되지 않았다면 자동 연장 된다.

자동 연장 되면 다시 6개월을 더 기다려야 한다. 12개월 차에 두 개의 기초자산이 90% 이상이 된다면 1년을 기다렸기 때문에 수익률은 10%가 된다. 만약 둘 중 하나라도 90% 이하로 떨어졌다면 다시 자동 연장된다.

다시 6개월 연장이 되면 18개월에 85% 이상만 되면 조기 상환 되는데 이때 수익률은 6개월씩 세 번 연장되었으니 5%×3번으로 15%가 된다.

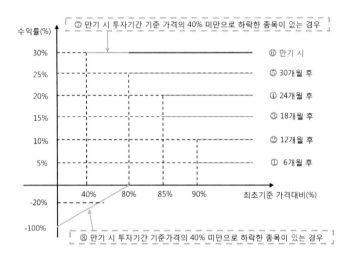

그래프에서 수익률을 보면 알 수 있다. 이렇게 6개월마다 조기 상환 조건이 충족되지 않으면 계속 연장되는 것이고, 마지막 36개월 차에는 ⑦의 경우처럼 투자기간 중 기준가격의 40%를 한번도 노크하지 않았다면 30%의 수익을 준다. 만약 노크했다면 Knock-in이 되었기 때문에 ⑧번의 경우처럼 실제 수익률로 전환하여 손해를 입게 된다.

Step-Down형의 장점은 각 시기별 조기상환 조건이 되면 고정수익률을 지급한다는 것이다.

또한 상승하지 않고 하락하더라도 조건의 마이너스까지만 아니면 조기 상환되는 것이다.

단점은 만약 Knock-in 배리어 미만까지 떨어진 적이 있다면 실제수익률로 전환되어 엄청난 손실을 입을 수 있다는 것이다. 그래서 위험성이 높은 상품이라 할 수 있다.

그래서 변동성이 작은 시장에서 ELS는 매력적이지만 특히 Step-Down형의 경우 변동성이 커지면서 지수가 폭락했을 때는 오롯이 마이너스를 투자자가 다 감당해야 하는 상황이 될 수도 있다는 것이다.

그래서 지수와 같은 기초자산에 투자하는 것이 좋다. 그 지수가 40%~50% 하락했다는 것은 그 나라의 위기가 오지 않는 이상 힘들기 때문이다. 종목은 리스크가 큰 편이다.

그래도 Knck-in 배리어까지 내려가지 않으면 고정 수익이 생긴다는 면에서 매우 큰 장점이라 하겠다.

CHAPTER

06

마무리 하며

1.
위험지표만 알아도 있어 보인다

시장이 상승하는 것을 판단하는 것도 중요하지만 내가 투자할 때 떨어지지 않는 것은 더욱 중요하다. 그래서 지금 시장이 위험한 상황인지 아니면 괜찮은 상황인지를 판단하는 것이 무엇보다 중요할 수 있다. 그래야 나의 의지와 상관없이 물려서 어쩔 수 없는 상황이 되지 않기 때문이다.

우리는 직장에서 어떤 펀드에, 어떤 주식에, 어떤 부동산에 투자해서 수익이 났다는 얘기들을 많이 하지만 까먹은 얘기는 하지 않는다.

까먹은 얘기 해봤자 손해나서 억울한데 무시까지 당할까 봐서이다.

노름판에서 딴 놈이 없는 것과 정확히 반대되는 경우다.

만약 이런 직장인 대화에서 좀 더 있어 보이는 얘기는 없을까? 그리고 실제로 시장에서 전문가들은 자주 보지만 일반인은 몰라서 못 보는 그런 시그널을 주는 차트는 없을까?

'이런 지표가 있는데 위험신호를 보내고 있어.' 뭐 이런 조언들을 할 수 있는 직장인이 돼보면 어떨까?

분명 다르게 보일 수 있다. 특히 지금 주식에 물려있거나 펀드가 몇 년째 마이너스인 동료들은 진심으로 상담을 할 수도 있을 것이다.

이렇게 시장의 위험을 알리는 대표적인 지표 세 가지를 준비했다.
1. VIX
2. 테드스프레드
3. CDS프리미엄

1) VIX: 변동성이 크면 위험해

앞에 ETF에서도 설명했지만 VIX 차트는 미국주식을 하거나 ETF를 하는 사람들이라면 자주 보는 지표일 것이다. Volatility Index의 약자로 해석하면 변동성 지수이다.

초보투자자라면 변동성이라는 말이 투자에서 어떤 의미인지 모를 수 있기 때문에 잠시 설명을 하고 가자.

우리는 일상생활에서 '위험'이라고 하면 어떤 악재가 발생하는 것을 말한다.

교통사고로 어떤 장애가 발생하거나 범죄자에 의해 피해를 입거나, 사기로 인해 금전손실을 받았다거나 등…. 신체적 물질적 마이너스가 발생했을 때 '위험'의 결과물로 인식한다.

　그러나 투자에서는 매일 1%씩 플러스이거나 마이너스였던 주식이 다음날 15% 플러스가 나면 일반인들은 대박이라 좋아하겠지만 경력이 오래되고 전문적인 사람들은 변동성이 커졌다고 인식하여 매도해야 할지를 고민하게 된다. 즉 15% 상승했다는 것은 15% 하락할 수도 있다는 것이고, 어쩌면 더 하락할 수도 있다는 가능성을 보여주는 시그널로 해석되기 때문에 마냥 좋아할 수 있는 것이 아니라는 점이다.

　그래서 안정적인 투자를 원한다면 변동성이 커지는 것을 경계해야 한다.

　그래서 변동성이 커졌을 때 펀드매니저들은 파생상품에 투자하여 헷지를 하는 것이다. 이런 변동성이 발생했을 때 내가 한 투자의 반대 포지션 투자(현물투자가 마이너스가 날 수 있는 쪽에 투자→ 쇼트 포지션 투자)를 일종의 보험 전략이라 한다.

　만약 변동성이 커지면 마이너스로 갈 확률이 커졌기 때문에 선물에서는 같은 종목을 하락에 베팅하는 것이다. 아주 작은 비용으로 말이다(선물에 대해 설명하려면 많은 비중의 설명을 해야 하니까 다음 책에서 한 테마로 설명하려 한다).

　그러나 이런 보험전략도 결국은 내 수익에는 확정된 마이너스이기 때문에 현물투자액을 고려한 최소의 비용을 선물에 투자해야 한다.

어쨌든 시장의 변동성이 커지면 내 주식, 펀드 등의 변동성도 커지고 있다는 의미이기 때문에 VIX차트를 잘 봐야 하는 것이다.

역사적 사례를 보면서 이해하는 것이 빠를 것이다.

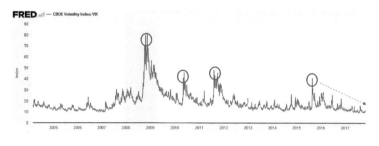

출처: https://fred.stlouisfed.org/series/VIXCLS

여러분들이 이 차트를 자주 보시려면 ETF에 대해서 설명을 하던 CNBC 홈페이지에서 VIX를 치고 보셔도 되고, 지금 이 차트의 출처 https://fred.stlouisfed.org/에서 찾아봐도 된다.

이 FRED(프레드)라는 사이트는 경제지표를 찾기에 매우 좋은 곳이다.

일단 위의 VIX 차트를 보면, 한참 주식의 전성기였던, 2005년부터 현재까지를 나타낸 것이다.

2007년부터 조금씩 높아지더니 회색 기둥이 보이는 곳까지 가면 매우 높아짐을 알 수 있다. VIX 지수가 80까지 상승하는 변동성이 매우 큰 때라는 것을 알 수 있다.

회색기둥은 금융 위기 때를 표시한 것이다.

그러다 2010년에 다가오면서 꾸준히 하락하는 모습을 보이고 있다.

미국이 양적 완화 조치 후 안정이 되는 모습을 보인 것이다.

다시 2010년과 2011년 VIX 지수가 40이 넘은 이유는 다시 미국 신용 등급 강등과 유럽발 재정위기가 있던 시기였기 때문이다.

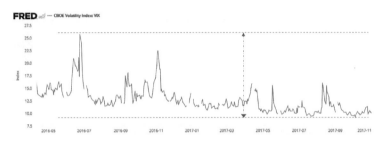

출처: https://fred.stlouisfed.org/series/VIXCLS

그 다음부터는 꾸준히 VIX가 하락하더니 역사상 최저점에 도달했다는 뉴스도 나온다.

최근 1년간 VIX 차트를 보면 시장의 변동성은 26에서 9 사이에서 움직이고 있다. 거의 대부분은 15에서 9사이에서 매우 안정적인 모습을 보이고 있다.

VIX의 역설: 가장 안정적일 때가 가장 위험할 때이고, 가장 위험할 때가 가장 안전할 때이다.

VIX는 이렇게 최적의 안정성을 보일 때가 다시 튀어오를 수 있는 가능성이 가장 높다는 것을 명심해야 한다. 역설적이게도 VIX가 가장 높을 때가 주식을 가장 싸게 사는 때라는 것도 참고할 필요가 있다. '무릎에 사서 어깨에 팔아라!' 주식의 좋은 명언이다. VIX의 수준이 그 무릎과 어깨를 알려주는 시그널이 될 수 있다.

내년은 VIX가 하반기로 갈수록 상승할 것으로 보인다. 변동성이 커질 것이라는 전망이다.

변동성이 커질 것이라 전망되니 내가 하고 있는 투자상황을 한 번 더 점검할 수 있는 지표로 지속적으로 관찰하는 것은 좋은 관리방법이라 할 수 있다.

2) 테드 스프레드: 은행끼리 돈이 돌아야~

테드 스프레드를 제대로 이해하기엔 좀 어려운 면이 있다. 내가 이 책에서 채권에 대한 개념과 시장에서 어떻게 활용되는지에 대해서 많은 비중을 할애하여 설명한 이유도 주식이나 펀드는 대충 감이 오고 자주 얘기해서 익숙한 편이나 채권 쪽은 익숙하지 않기 때문이다.

그중 테드 스프레드를 구하는 공식인 3개월 리보금리와 3개월 T-bill은 또 답답해지면 포기할까 봐 걱정이다.

그러나 여러분이 테드 스프레드를 계산해서 구할 필요는 없다.

테드 스프레드가 있는 사이트에 들어가서 이것이 오르는지 내리는 지만 보면 된다.

그래도 개념은 알고 있어야 하니 한번 정리해보자.

Ted Spread = 3개월 LIBOR — 3개월 T-Bill

이것이 공식이다. 이를 꾸준히 그래프에 정리한 것이 테드 스프레드다.

이것이 무엇을 의미하는지가 매우 중요한데 'TED'를 풀어보면 Treasury-bill(미국채 단기물)의 'T'와 EURO Dollar(유로달러)의 앞글자 'ED'를 따서 만든 단어다. 유로달러가 뭔지 궁금할 텐데… 유럽의 은행에 예치된 미국달러를 말하는 것으로 예치된 미국달러에 적용되는 금리가 리보금리이다. 그래서 T-Bill금리와 리보금리의 차이를 스프레드화한 것이다.

테드 스프레드로 알 수 있는 시그널은 은행 간 신용경색 정도이다.

신용이 경색되면 돈이 돌지 않기 때문에 리보금리는 상승하고 반대로 안전한 미국채 3개월물 금리가 하락한다는 것이다.

LIBOR 금리가 뭔지를 알면 참 쉬운데….

리보(LIBOR)금리는 'London inter-bank offered rates'의 약자다. 해석하면 런던 은행 간 제공금리가 된다.

출처: 네이버 지식백과 '리보금리'

영국의 대형 은행들끼리 자금수요를 맞추기 위해 단기에 주고받는 금리조건을 말한다. 즉 도매금리인 것이다.

개인과 은행 간의 거래에서 저축이나 대출을 할 때 이뤄지는 금리는 소매금리라 할 수 있고, 은행 간 돈을 빌리는 금리는 도매금리라 할 수 있는데, 가장 대표적이면서 다른 나라에서도 참고하는 대표적인 도매금리가 LIBOR금리인 셈이다.

리보는 영국 런던에서의 은행 간 거래라고 하지만 이는 상징적인 의미에 가깝고 오히려 뉴욕 월가의 영향력이 세지면서 뉴욕 리보금리를 더 참고하는 경향이 있다.

그러므로 세계금융시장의 상태를 판단할 때 리보금리의 변동을 관찰해야 한다.

그리고 최근 중국이 막대한 경제규모를 자랑하고 있는데 은행규모도 커지면서 중국의 리보금리도 영향력을 발휘하고 있다. 이를 상하이 리보라고 하여 '샤이보'로 표현된다.

리보금리는 쉽게 말해 시장의 기준금리인 것이다. 중앙은행이 정한 기준 금리가 아니라 시장에서 은행 간 거래를 하며 이뤄지는 금리인 셈이다. 이 금리가 오른다는 것은 서로 돈을 빌려주기 어려운 상황이라는 것을 나타내는 것이며, 내려가는 것은 그 반대인 셈이다.

테드 스프레드가 리보금리에 T-Bill를 뺀 것은 중요한 이유가 있다.

T-Bill은 미국 재무성이 발행하는 만기가 짧은 단기채권이다. 테드 스프레드에서 쓰이는 T-Bill은 3개월물이다.

이 부분은 채권 부분에서도 언급한 적이 있는데 만기가 짧은 국채에 투자하는 시기는 시장의 위험이 커질 때이다. 사실상 3개월물 미국채는 무위험으로 통용된다.

쉽게 말해 만기가 긴 것에 투자해 돈을 못 받는 위험을 줄이고자 만기가 짧은 T-Bill에 돈이 몰리고 돈이 몰리는 채권은 금리가 내려가기 마련인 것이다.

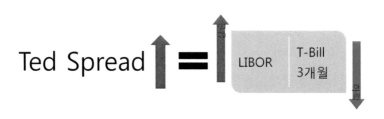

그러므로 은행 간 도매금리가 오르고 T-Bill에 돈이 몰리면서 단기채권의 금리도 내려가면 시장은 위험한 것으로 해석된다.

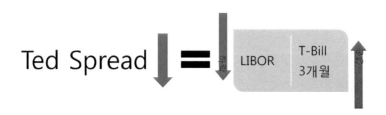

반대로 은행간 도매금리가 하락하고, T-Bill의 인기가 없으면 금리가 오르기 때문에 이는 테드스프레드가 하락하는 것을 의미하며 시장이 안정적이라는 것을 의미한다. 즉 돈이 돌고 있다는 것을 의미하는 것이다.

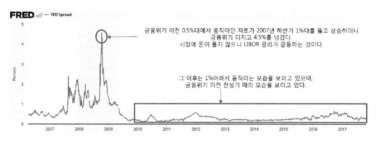

출처: https://fred.stlouisfed.org/series/TEDRATE

역사적 차트를 보면서 설명하는 것이 더 쉬울 것이다. 금융위기 이전 테드스프레드는 0.5%대에서 움직인다. 그러나 2007년 하반기가 되자 1%를 뚫더니 순식간에 2%를 넘는다. 08년 초반 2%가 넘은 상태에서 위험을 알렸고, 결국 08년 말 4.5%대에서 움직이며 LIBOR 금리가 폭등했다는 것을 알린다. 즉 은행 간 돈이 돌지 않는 상태며 짧은 기간에 같은 은행끼리도 돈을 빌려주는 것이 꺼릴 정도로 현재 상태가 안 좋다는 것을 08년 초 은행들은 알고 있었다는 것이다.

결국 08년 말 거래 은행이 부도가 나는 상태까지 갔고, 최대규모의 주택담보대출기관인 리만브라더스부터 베어스턴스, 시티, 메릴

린치 등 도산하는 사태가 벌어진 것이다. 세계최대의 보험회사 AIG도 이때 무너진다.

그 이후 양적 완화로 엄청난 돈이 풀리고 은행은 공적자금을 투입하며 살아나게 된다. 그러자 2010년부터 1%를 넘지 않고 안정적인 면을 유지하고 있다.

출처: https://fred.stlouisfed.org/series/TEDRATE

앞으로 시장이 위험하다면 테드 스프레드는 1%를 넘을 것이다. 금융위기 이전 1%를 넘은 것은 매우 중요한 시그널이었음을 참고할 필요가 있다.

그러므로 테드스프레드가 1%를 넘어간다면 다시 금융시장이 위험해질 수 있는 가능성이 높아졌다는 시그널로 시장 투자자들의 심리가 반영될 가능성이 매우 높다.

1%를 넘고 가파르게 상승하는 상승기로 해석된다면 위험자산에서 빠져나오라는 시그널로 해석하는 것이 좋을 것이다.

3) CDS프리미엄: 한국 부도위기는 몇bp냐?

CDS프리미엄은 쉽게 말해 보험료 같은 것이다.

먼저 이를 설명하려면 CDS가 무엇인지 개념을 잡아야 하는데….

CDS는 Credit Defult Swap의 약자다. 해석하면 신용부도스와프라 할 수 있다.

스와프는 거래상대방이 있어야 한다. 그래서 서로 교환하는 것을 말한다.

CDS는 해석한 뜻에서도 알 수 있지만, 신용하락 등으로 부도가 발생할지 여부에 대해 거래상대방과 교환거래를 하는 것이다.

쉽게 말해 거래자 A와 B가 있다면 A는 B에게 C라는 기업 or 정부가 파산을 하면 나에게 정해진 보험금을 요구하는 계약을 한다.

그러면 B는 어떤 이익이 있는가? A로부터 정기적으로 보험료를 받으며 부도가 나지 않으면 정해진 기간까지 보험료를 받을 수 있다.

즉, 암 보험에 가입한 사람이 암에 걸리면 암 보험금을 탈 것이다. 거래상대방은 보험회사가 될 것이고, 보험에 가입한 사람은 보험료를 낼 것이다.

보험회사가 CDS계약을 통해 보상해야 하는 대상이 되고, 암에 걸릴 확률에 베팅하는 사람이 CDS프리미엄을 내는 것이다. 보험료는 매월 내지만 통상 CDS프리미엄은 3개월에 한 번씩 낸다.

이 CDS프리미엄의 움직임은 또다른 의미에서 기업 및 국가의 경제 상태를 잘나타내는 매우 중요한 지표로 통한다.

그 이유는 CDS프리미엄이 보험료의 성격이 있다고 했다. 그렇다면 부도 위험이 높아지면 CDS 프리미엄가격도 상승할 것이다.

쉽게 말해 자동차 사고가 잦은 사람은 앞으로도 사고날 확률이 높기 때문에 보험료가 올라가는 것과 같은 이치다.

CDS프리미엄 지표는 얼마나 오르고 내렸는지를 금액으로 표시하는 것이 아니라 백분율로 표시한다. 그중 1%를 100으로 정한 BP(Basis Point)로 표시한다.

1bp = 0.01%, 100bp가 1%인 것이다.

CDS계약의 대상에 대해서 몇bp 상승/하락했는지가 CDS대상의 위험도를 알려주는 것이다.

보험료 상승을 bp로 환산했다 보면 된다.

CDS의 대상은 매우 다양하다. 각국의 부도위험을 나타내는 CDS도 있고, 미국 부동산의 부도위기를 나타내는 CDS도 있다. 미국부동산 위기를 다룬 유명한 'BIG SHORT'은 책으로도 대박이 났지만, 영화로도 대박이 났다.

만약 보지 않는 독자가 있다면 무조건 읽어야 하는 책과 영화니 꼭 보길 바란다.

여기서 주인공 네 명은 미국의 부동산 CDS 프리미엄이 상승 한 다에 베팅한다.

즉, 부동산 시장이 망가진다에 베팅 한다는 의미다.

이 영화에 대해서 좀 더 자세히 설명해보자면 2005년 부동산 시장은 증시와 함께 급등의 급등을 거듭하던 상황이다. 엄청난 가격으로 부동산 가격은 매일 치솟았다.

그러므로 미국부동산에 대해서 CDS프리미엄이 상승한다에 베팅하는 것은 미친 짓이었다. 어느 누구도 부동산이 망가질 것이라 생각하지 않았기 때문이다.

하지만 부동산 대출자들이 집을 살 능력이 없는 사람들이 많다는 것을 알아 챈 네 명의 주인공은 시장의 분위기와 반대로 공매도를 날린 것이다. 즉 영화제목처럼 Big Short을 날린 것이다. 그리고 08년 금융위기 당시 이들은 대박을 터트린다. 성공신화의 상징이었던 미국의 주택가격이 폭락하면서 다수 은행들이 파산하는 지경까지 갔기 때문이다. 정확하게는 부동산과 연계된 파생상품 때문에 미국의 금융위기가 발생했기 때문이다.

그때 CDS프리미엄은 천정부지로 솟았고, 이들은 CDS프리미엄이 상승한다에 베팅하였기 때문에 대박을 터트렸다.

한국의 부도위험은 얼마나 될까?

출처: 국제금융센터

한국의 CDS프리미엄을 나타낸 것인데 최근 코스피 증시가 올랐음에도 불구하고 CDS프리미엄은 떨어지지 않고 오르는 모습이다. 이유는 대북 리스크이다.

한국의 신용부도위험이 이렇게 높은 이유가 대북 리스크라면 이제는 북한의 도발이 잠잠해진 상태이기 때문에 좀 더 하락해야 하는데도, 왜 이렇게 높은 프리미엄을 유지하는지 설명이 되질 않는다.

11월 7일 트럼프가 방한하는데 이때 평택 미군부대를 방문과 국회연설이 있는데 자극적인 말을 서슴지 않는 트럼프가 전쟁에 대해

강한 어필을 하면 한국은 더 불안해질 것이라는 기대감 때문에 CDS프리미엄이 떨어지지 않는 것이라는 전문가들의 해석이었다. 그러나 트럼프는 생각보다 상당히 양호한 발언들로 찬사를 받았고, 대북한 발언도 생각보다 약했다는 의견이 나왔지만, 트럼프 방문 전 평균 55bp였던 CDS프리미엄이 56bp로 상승하는 모습을 보였다. 아직까지도 CDS프리미엄이 하락하지 않는 이유를 대북리스크 이외에는 찾을 수가 없었는데 대북리스크까지 잠잠해진 상황에서 하락하지 않는 CDS는 뭔가 찝찝함을 남긴다. 결국 CDS프리미엄이 왜 이렇게 높은지 증명하는 시그널이 나올 수 있다는 것을 고려할 필요가 있다. 만약 이렇게 높은 CDS프리미엄을 증명할 이슈가 나온다면 한국 증시에 위험이 될 수 있다는 것을 명심할 필요가 있다.

위 세 가지 위험지표를 알아보았는데 정리하자면….

위 세 지표는 투자자들의 불안심리를 반영한 것이다. 뉴스를 보고 투자할 때 하나의 팩트를 가지고 여러 가지 해석이 있을 수 있겠지만 이런 위험지표는 그 대다수의 시장 참여자들이 어떻게 그 이슈를 받아들이고 있는지를 객관적으로 가르쳐 주는 것이기 때문에 꾸준히 관찰하는 것이 중요하다.

그것이 재테크 수준을 높이는 최고의 방법일 것이다.

2.
절대 하면 안 되는 재테크 → 부동산 빚 테크를 활용하라?

마무리를 하는데 왜 빚테크에 대한 내용이 나왔을까? 그야말로 횡설수설이다.

나는 이전 책『대한민국 경제, 국가가 진실을 말할 수 없는 이유』에서 정부의 부동산 투기정책을 비판하며 부동산 시장이 위험한 이유에 대해 쭉~ 길게 기술한 적이 있다(책이 팔리지 않아 여러 사람이 못 봐서 다행이다).

그런데 2016년과 2017년은 부동산 시장이 정말 좋았다. 이 부분에 대해서는 내가 반성해야 할 것이다. 투자는 정의나 도덕성으로 움직이는 게 아니라는 점을 다시 한 번 깨우쳤다.

그렇다면 정말 앞으로도 부동산 투자를 계속해야 할까?

아직 이 부분에 대해서는 나의 생각이 바뀌지 않았다. 오히려 좀 더 확고해진 측면이 있다(나의 똥고집일 수 있다).

어떤 사람들은 나에게 왜 이렇게 부동산을 싫어하냐는 질문도 많이 했다.

의외일 수 있겠지만 난 부동산을 매우 사랑한다. 그러나 아직 부동산을 살 타이밍이 아니라는 점과 매우 과도하게 가격이 높다는 것은 알고 있다. 그래서 한국은행이 금리인상을 빠르게 올리는 시기에 부동산 가격을 지켜볼 것이고, 조정을 받는다면 부동산 매입에 뛰어들 생각이다.

하지만 아직은 지켜볼 뿐이다.

고객들이 집을 사면서 대출하는 것에 너무 관대한 것 같아 이성적으로 판단할 수 있게 빚테크가 얼마나 위험한 투기인지를 설명해 보려 한다.

빚 테크는 통상 부동산 전문가들이 많이 하는 조언이다. 다른 말로는 레버리지를 높여라!이다.

부동산에 투자할 때 "1억으로 3억짜리 아파트를 사서 4억이 되면 아파트는 33% 정도 오른 거지만 실제 수익률은 내 돈 1억으로 1억을 벌었으니 100% 수익률이 난 셈이죠. 대출을 잘 활용하면 레버리지 효과를 노려 볼 수 있어요." TV에서 이런 얘기를 하는 전문가를 본 적이 있다.

그래서 부동산은 올랐고, 정말 그렇게 된 것은 지금까지 맞다.

3억 하던 아파트 가격이 30% 상승했다면 3억 9천만 원이 된다. 대출금 2억은 고정적으로 갚아야 할 자금이므로 변동이 없으므로 내 돈 1억에 대한 수익은 고스란히 9천만 원이 된다. 아파트 가격이 30% 뛰었지만 내 원금의 수익은 90%인 셈이다.

이것이 레버리지 투자이다. 만약 아파트 가격이 50% 올랐다면 실제적으로 나의 투자금 1억에 대해서는 150% 상승한 것이다. 실로 어마어마한 수익이다.

아파트 가격 상승 시 원금의 변화

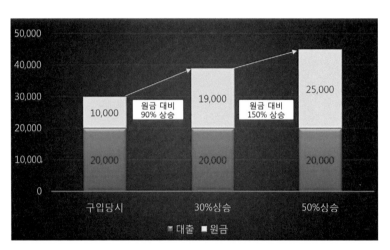

하지만 이는 매우 위험한 행동이라 할 수 있다. 물론 청약 열풍이 불었던 지역은 프리미엄으로 몇 배의 수익을 내기도 했지만, 내년에 금리인상 여파로 이미 분양업체들은 문을 닫고 있는 실정이라는 뉴스가 나오고 있고, 시장금리 또한 오르면서 집을 사려고 대출하는 것도 만만치 않은 상황이기 때문이다. 또한 은행도 주택담보대출을 축소하고 있기 때문에 앞으로도 이런 활발한 매매가 이뤄질 것인가는 의문이다.

투기는 누가 계속 사줘야만이 가능하다. 사는 사람이 줄어들면 가격은 거기서 멈추는 것이 아니라 하락한다.

그러면 남들보다 더 빨리 팔려 하고 그러면 가격 하락은 가속도가 붙는다.

이런 상황에서 위의 그림과 같이 되지 않고 반대로 간다면 어떤 상황이 벌어질까?

아파트 가격 하락 시 원금의 변화

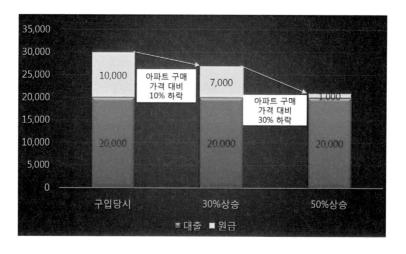

3억원 아파트가 30%만 하락한다면 내 원금의 1천만 원만 남는 상황이 벌어진다. 이때부터 하우스 푸어의 시작이다.

은행은 거치기간이 끝나는 시점에서 담보 부족에 대한 충당을 요청하거나 대출금리를 올리는 방법으로 압박이 들어올 것이다.

실제로 내 집을 샀지만 내 돈은 1천만 원밖에 남지않은 상황에 대출만 있는 집이 된다. 결국 월세를 내는 것과 다름없이 대출이자를 내야 하는 것이다. 혹자는 대출이자가 월세보다 싸다는 합리적 이유가 있었지만 앞으로는 시장금리 상승으로 그 차이는 축소될 것이다.

레버리지는 효율적 투자라는 좋은 가면을 쓰고 있지만, 마이너스 시 레버리지 배수만큼 빠르게 원금이 축소되는 부작용이 있다는 것을 잊지 말아야 한다.

그래서 레버리지를 활용할 때에는 누구보다 시장조사가 중요하다. 부동산 시장만을 조사하여서는 안 된다. 세계경제 시장상황을 보고, 금리의 변동에 따른 자산이동 등을 꾸준히 지켜보다가 선택해야 하는 것이다.

상담하는 고객들이 내집 마련의 이유로 '평생 살 집을 마련하고, 대출을 상환하면서 살 것이기 때문에 투자도 투기도 아니다.'라는 말을 많이 들었다.
그 고객이 집에 대한 생각과 철학에는 100% 동의하는 부분이며, 건전하고 좋은 생각이라 판단된다.

그러나 여기에 대출이 들어가는 순간 집값의 오르내림에 따라 레버리지 수익과 손해를 보는 투기인 셈이 되고, 대출해준 은행은 고객의 집에 대한 철학 따위는 안중에도 없고 상환할 수 있는 채무자인지 아닌지를 판단할 뿐이다!

즉, 집에 대한 건전한 생각과 상관없이 레버리지가 높을수록 가격 하락 시 은행의 압박은 크게 다가올 수밖에 없다는 것이다.

위 상황처럼 내 원금이 없어지는 부동산 폭락이 나오고 은행에서 원하는 조치들이 되지 않으면(대표적으로 대출금 일부 상환을 요구할 것이다) 은행은 경매처분을 실행할 것이고, 내 집은 사라지는 상황이 될 것이다.

미국의 서브 프라임 모기지 사태는 결국 중산층과 그 하층민들이 어떻게 집을 빼앗기는지 잘 보여주는 사례이다. 그들이라고 행복한 가정을 위한 내 집 마련을 생각하지 않았을까? 물론 여기에는 많은 투기꾼들도 있었지만 내 집 마련이 평생 꿈이었던 사람들도 많이 있었다.

결론적으로 내 집 마련이라는 인생의 가장 큰 투자를 할 때에는 신중하고 냉정하게 판단할 필요가 있다.

레버리지라는 포장지는 뜯어버리고 정말 내가 가진 돈이 얼마인지, 그리고 그래프에서 나타난 것처럼 10%, 20%, 30%가 내렸을 때 내 돈은 얼마가 남는지… 등 꼼꼼히 계산해보고 레버리지를 최소화해서 내 집을 마련하는 게 순수한 내 집 마련의 취지에 부합하지 않을까?

3.
재테크 책 10권보다 경제뉴스를
꾸준히 읽는 것이 좋다?

내가 강의하고 나서 가장 많이 받는 질문이 경제 및 재테크 공부 어떻게 하면 되는지 가르쳐달라는 것이다.

그런 질문을 하는 분들은 대부분 경제 및 재테크에 초보인 분들이 많다. 그럴 때는 난감하다. 대놓고 책 사서 공부하라는 말을 못하기 때문이다. 아무리 재테크가 좋기로서니 생업을 포기하고 고시공부 하듯 매달릴 수는 없지 않은가?

사실 고시 공부하듯 열심히 해도 모르는 게 경제요, 재테크다.

예전에 많은 재테크, 경제 전문가들은 경제와 재테크를 잘 알려면 꾸준히 경제뉴스와 신문을 보는 것이 상책이라 하였다.

헤드라인부터 요약하고, 한 주제에 대해 두 가지 이상의 경제 뉴스를 읽으라는 것이다.

그렇게 1년 정도를 보면 흐름이 잡히고, 돈의 흐름을 알 수 있다는 것이다.

이 얘기는 나의 경험에 비춰볼 때 반은 맞고, 반은 틀렸다고 주장하고 싶다.

어느 정도의 경제 상식이 갖춰진 상태라면 뉴스를 꾸준히 읽으면서 흐름을 파악하는 것은 가능하다고 본다.

그러나 경제상식과 용어가 어렵기 때문에 꾸준히 읽더라도 이해가기 쉽지 않다.

경제뉴스는 읽는 것이 아니라 해석하는 것이다.

경제 뉴스는 쉽게 훑고 갈 수 있을 만큼 경제용어들이 만만치 않다. 그리고 그 문장 자체를 읽고 이해한다 하더라도 그 뒤에 정치와 사회문제, 역사 등… 복잡한 관계를 알지 못하는 이상 정확한 뜻을 이해하기란 쉽지 않다.

그 복잡한 상황 속에서 경제뉴스가 나왔다는 것을 이해한다고 해도 그래서 어떤 투자처가 적당할 것이라는 판단을 내려야 할 때는 또 망설여진다. 쉽게 말해 손에 잡히는 해석이 되지 않는 것이다.

그래서 경제 전문가라는 사람들이 역사와 사회문제, 정치에 상당한 지식이 많다.

특히 애널리스트와 이코노미스트들은 투자와 관련된 뉴스와 리포트들만으로 정보를 습득한다면 매우 다른 방향의 투자 조언이 나올 수 있기 때문에 다양한 책을 읽는 것으로 알고 있다. 내가 알고 있는 애널리스트의 블로그는 인문학과 역사학 그리고 정치 등 다양한 주제의 카테고리로 글을 쓴다.

예를 들면, 트럼프 대통령이나 차기 연준 의장 후보들의 성향부터 스페인 지역의 분리 독립에 대한 역사, 남유럽 위기의 근본적인 사회문제 등, 당장 투자와는 상관이 없는 이슈를 공부해야 하는 이유는 이런 문제들이 금융 위험으로 연결될지의 여부를 유추해야 하기 때문이다. 즉, 모든 게 투자할 때 고려해야 할 요소가 되기 때문이다.

경제뉴스 읽기와 공부를 병행해야…
그래서 경제뉴스를 읽더라도 배경지식이 상당히 많이 필요하다.
다시 질문으로 돌아가서….
경제공부를 하려면 처음에 어떻게 해야 하나? 물어온다면 쉽고 재미있는 경제와 관련된 책을 읽거나 동영상을 보면서 공부를 해 볼 필요가 있다고 말하고 싶다.

나 또한 20대를 군생활로 보냈고, 경제에는 문외한이었으며 복잡한 수학도 싫어서 경제는 딱 질색이었는데….

최진기 강사의 동영상 강의를 접하면서 감을 잡았고, 어느 정도 되니까 신문에 나온 것들이 이전과는 다르게 해석되었다.

그리고 금융과 관련된 자격증을 공부하면서 경제뉴스와 경제리포트 읽기를 병행했기 때문에 직업이 될 만큼의 재테크 지식을 보유하게 되었다.

무작정 경제뉴스만 본다고 해서 되는 일은 전혀 아니라는 것이다.

기초개념공부와 경제뉴스를 같이 읽으면서 이에 대한 전문가들의 구체적인 리포트는 어떻게 나오고 있는지를 본다면 본인의 시각이 어떻게 변하는지를 알 수 있다. 그리고 경제뉴스에서 나오는 이슈에 대한 돈의 흐름이 어떻게 될 것인지는 더 명확하게 그릴 수 있다. 손에 잡히는 경제뉴스가 되는 것이다.

또한 금융위기 이후 투자의 범위는 한국 내에서 글로벌지역으로 확산되었다.

그렇기 때문에 글로벌 경제 시황을 봐야 어디에 투자할지가 판단되는데 우리나라 경제뉴스들은 글로벌 시황을 적게 다루는 경향이 있다.

그래서 국제뉴스를 찾아보는 것이 중요하다.

추천 경제뉴스 사이트

내가 보는 글로벌 뉴스를 추천하자면 NEWS1(http://news1.kr/)이다.

출처: http://news1.kr/categories/?31

홈페이지에서 월드 파트를 누르면 미국과 유럽 중동 아시아 등 여러 지역의 경제뉴스를 볼 수 있다.

영어가 된다면 마켓워치나 CNBC, 블름버그 등을 보는 것이 좋다.